PHILOSOPHY THINKING

［「課題発見」の究極ツール］

哲学シンキング

「1つの問い」が「100の成果」に直結する

クロス・フィロソフィーズ代表取締役
吉田幸司
KOJI YOSHIDA

マガジンハウス

はじめに

哲学的思考力が5年後、10年後のビジネスを動かす

「売れる商品を世に出したい。だけど、どこから考えはじめたらいいのでしょう？」

「新企画のアイデアはいろいろ出しているんですが、どれもありきたりで、そもそも『何がよいのか』、よくわからなくなってきました」

「これまでの方法で、ほんとうにひとびとの意識や価値観を調べられているのか、確信が持てないんです」

「『働き方改革』って言うけれど、何をどうしたら成功なのでしょうか？」

これらはいずれも、企業のひとたち、それも管理職やプロジェクトリーダーのひとたちが、真剣にぼくに相談してくれたことです。

世界の情勢が複雑化し、5年後、10年後も見通せないなか、企業もそこで働くひとたちも、自分たちが進むべき道を本気で模索しています。

若いひとたちだって、いっしょです。

「もうすぐ就職活動だけど、将来、自分は何をしたいのかわからなくて……」

「まわりのみんなはどんどん成長しているけど、どうやったらあんな知識や経験を身につけられるんですかね？」

「この2、3年楽しかったけど、いまの仕事を、ずーっと続けていいのでしょうか？」

これらは、大学の生徒や卒業生から受けた相談です。

ぼくは大学で教鞭(きょうべん)をとっていますが、250人が受講している授業で「なにか悩んでいることがあったら（毎回授業の終わりに集めている）アンケートに書いていいよ」と言ったら、翌週から数十件もの、相談ごとが殺到。

以後、ぼくの授業の冒頭は「人生相談コーナー」になっています。

みんな、ふだんは口に出さないけれど、じつはいろんなことで悩んでいるんですよね……。

ともあれ、年齢も、性別も、職業も違うなか、企業のひとたちにも大学生にも共通していることが、１つあります。

それは、「どこに答えがあるかわからないような問題、どうやって考えたらいいんだろう？」ということ。

そもそも「考え方」がわからないという点です。

なぜ哲学が「使える」のか？

博士号を取得したのち、研究者として堅実なキャリアを突き進んでいたぼくは、あるとき一念発起して、世の中でもっとも役に立たないものの代名詞を事業内容に、株式会社を設立しました。

商品「哲学」
職種「哲学者」

「？？？　これが売り物になるの？」と思われるのも無理はありません。

一般的な哲学者のイメージは「大学のなかで難解な議論を戦わせている浮世離れしたひとたち」……という感じでしょう。

にもかかわらず、いまやぼくたちは「リクルート」「ライオン」「パルコ」「パーソルキャリア（doda）」……などなど、日本を代表する大手企業のプロジェクトで、ワークショップや専門的なコンサルティングを実施し、**哲学を〝納品〟**しています。

いったい何をしているのか？

どうして、いま、日本の企業が「哲学を求めている」のでしょうか？

よく、ビジネスの現場では、

「そんなこと、ひとに聞かないで、自分で考えろ！」

「誰かに言われないでも、自分の頭で考えて行動しろ！」

こんなふうに言う人もいます。でも、「自分で考える」って、どうやったらいいのでしょう？

たとえば、「人生に意味はあるのか？」という問い。

こんな「哲学っぽい問い」を前にしたら、多くのひとは、ただただ途方に暮れてしまうのではないでしょうか？

考えてみようとしても、モヤモヤ、グルグル思考が空回りするだけ。

どこからどうやって考えたらいいのかさえわからず、スタート地点にすら立てない。

なかには「そんな問いに答えなんてあるわけがない」「考えても仕方がない」「そんなこと考える暇があったら、さっさと仕事したほうがいい」と、なかば腹を立てつつあきらめるひとも、きっといるでしょう。

では、次のような問いはどうでしょうか？

「生活者は、何に究極的な価値を見いだしているか？」
「ひとびとを魅了する斬新な企画とは、どんな企画か？」
「みんなが働きやすい平等な職場とは？」

いずれの問いもビジネスにかかわる本質的な問いですが、みなさんなら、これらの問いについてどのように考え、どんな答えを出しますか？

おそらく「ただ1つの正解」など存在しないでしょう。

だからといって、「モヤモヤ」にフタをし、思考を放棄してしまってもよい問いでしょうか？

実際の現場の問題はもっと複雑で、深刻かもしれません。

「生活者の隠れた本音を引き出せ」とトップダウンで言われたけれど、たいした成果が期待できないと思っている「お決まり」の方法で調査するしかない。

「ひとびとを魅了する斬新な企画を立案せよ」と社命が下ったが、「見せかけ」のものでしかなく、何が本質を突くコンセプトなのかわからなくなっている。

「ジェンダー平等で、みんなが働きやすい職場を実現せよ」というものの、よかれと思ってした提案は面倒がられ、売り上げや作業効率を落としてはいけない制度や雰囲気がある。

不条理とも言えるこういったジレンマが、みなさんのまわりにも1つや2つ、あるのではないでしょうか？

いま、ビジネスの現場では「すぐに解決策が出せない問題」や、「問題が複雑にからみあい、何を課題として設定すればいいのかわからない問題」が、山積しています。

「問題解決」が必要であると同時に、これを実行すれば問題は解決すると確信できるような「課題発見／設定」が必要とされているのです。

この本で紹介する**「哲学シンキング®（哲学思考）」は、ビジネスや日々の現場で現れる、さまざまなモヤモヤの糸をひもとき、思考を前に進めるためのメソッド**です。

あなたの人生、仕事、人間関係……、どんな状況であっても、なにか解決すべき問題が出てきたり、さらには自分のささやかなアイデアを大きく実現させたりしたいときにも、このメソッドが役に立ちます。たとえば、

「そもそも、何に悩んでいるのかさえ、わからない」
「新しいことを始めるのに、どこから手をつけたらいいのかわからない」

といった場合。そんなときこそ、このメソッドは絶大な効力を発揮します。

本書で哲学シンキングを習得すれば、言葉にもならなかったモヤモヤを筋道を立てて語れるようになったり、解決すべき問題の真因をつきとめ、適切に課題設定したりすることができるようになります。

ひとは、ハッキリと対象がわからないものに不安を覚えるものです。

解決すべき問題や、日々の悩みの大半は、問題を解く前に**適切に課題設定する**ことでスッキリするとともに、解決の糸口も見いだせるようになります。

でも……「哲学ってむずかしいんじゃないの？」「哲学に答えなんてないんじゃないの？」といぶかしく思う人がいたら、それは半分正しく、もう半分は間違っています。

哲学は、**「考え方／思考」の総合学**。

実際、哲学は、どこまでも深く掘り下げて考えることができるので、掘り下げれば下げるほど、難易度は上がります。

その思考の根っこはどこまでも続いているので、その意味では、哲学は理解不能に感じられるかもしれません。

解決しない「悩み」

働き方の悩み

D.カーネギー先生

「人を動かす」天才

「相手のことを考え、
その人の好むものを与えよ！」

そんなこと言ったって…

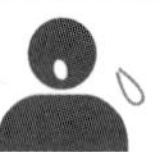

- 若手社員が何を考えているのか、わかりません。
- 営業がうまくいきません。どうすれば相手の本音を引きだせますか？
- このまま、いまの仕事を続けていいんでしょうか…。

人間関係や恋愛の悩み

アドラー先生

「個人心理学」の創立者

「他人の評価を気にするな！
自分の課題に集中せよ！」

そんなこと言ったって…

- 職場がギクシャクしているというか、みんな「われ、関せず」です…。
- 大量の仕事が割り振られています。どうしたら最適化できますか？
- 好かれる以前に、好きな人ができません。「好き」って何ですか？

考えたらいいの？

有名な思想家に聞いても

ビジネスの悩み

ドラッカー先生

「顧客の欲求を満足させる、
製品・サービスを創造せよ！」

現代経営学の父

そんなこと言ったって…

- 革新的なアイデアって、どうやったら出せるんですか？
- 顧客に合わせてたら、何をつくりたかったのか、わからなくなりました…。
- ビジョンやコンセプトって、どうやって考えたらいいのでしょう？

人生の悩み

ニーチェ先生

「力への意志をもって、
みずから創造的に生きよ！」

異端の哲人

そんなこと言ったって…

- 自分には、やりたいことも、欲しいものもありません！
- 勝ち上がってきたつもりが、いつのまにか孤立していました…。
- 家族と「幸せ」になるには、どうしたらいいですか？

こんなモヤモヤ、どうやって

一方で、この世のあらゆるテーマについて、あらゆる手を使って掘り下げるのが「哲学」だとすると、哲学は、多くのひとびとに紡(つむ)がれながら、2500年以上の時間をかけ、さまざまな「考え方」を生み出してきました。

じつは、新しい考え方を見つけることによって、それまでの問題を別の視点から見つめることができるようになったり、より広い視野のもとで、解決困難に見えた問題が解消されたりします。

哲学は、長い歴史のなかで人類が開発してきた、問題解決のための道具箱でもあるのです。

「問い方」を変えるだけで世界がひらける

哲学のもっとも重要な技法の1つは、**「問い方」を変えてみる**ということです。悩みや問題に直面したとき、ほとんどのひとはそれをどうやったら解決できるだろうか、と「答え」を追求するでしょう。

たとえば、「ほんとうのわたしは、何をしたいんだろう?」という疑問を抱いたひとがいる

思考の根っこはどこまで
掘り下げられるかにかかっている

とします。

これもしたい、あれもしたいと、いろいろなやりたいことがあって、ほんとうに何をしたいかわからない場合。

あるいは、これもしたくない、あれもしたくないと、これといってやりたいことがなくて、ほんとうに何をしたいかわからない場合。

いずれの場合でも、なんらかの「解」を求めようとしがちです。

でも、そもそも「ほんとうのわたし」なんて存在しないとしたらどうでしょうか。

「ほんとうのわたしは、何をしたいんだろう」と、いくら自己分析してみても答えは見つかるわけがありません。たしかに、

A「これをしたいわたし」

B「あれをしたいわたし」

C「これもあれもしたくないわたし」

ABC、どれも等しく「わたし」です。

ここまでは、リアルに実感できる「わたし」です。

では、この世界のどこかにわたしがまだ知らない「ほんとうのわたし」という存在がいるのでしょうか？ ん？ どこに？


この場合、そもそも問いの前提、あるいは問いの立て方（問い方）じたいが間違っていそうです。


「ほんとうのわたしは、何をしたいんだろうか」と問うよりも、「そもそもほんとうのわたしなんて存在するのか」と問うほうが、どこか肩の荷が下りて、気負わず柔軟な発想ができる人もいるはずです。

だって「ほんとうのわたし」が存在しないのに探しまわっても、ただ徒労に終わるだけですよね。


ビジネスにおけるモノづくりだってそうです。

新しい自転車を開発するプロジェクトがあったとします。

たとえば「〝これまでにない斬新で画期的な自転車〟のアイデアを出してくれ」と言われても、そう簡単には出せるものではないでしょう。

いまある自転車のデザインをちょっとカッコよく変えたくらいでは、画期的とはいえませんからね。

でも、「〝自転車〟にまつわる問いを、なんでもいいから出してくれ」と言われたらどうでしょうか。

「そもそも自転車とは何か」「なぜ、自転車は足だけでこぐのだろうか」「腹筋や背筋も使って、こいだらいけないのか」「自転車は、移動する手段の乗り物なのだろうか」……。

こういった問いをひたすらあげて突きつめていくなかで、全身の力を最大限に使ってこぐ自転車をつくったってかまわないことに気づくかもしれません。

あるいは、移動手段ではなく、スポーツや娯楽のために使うのはどうでしょうか。

そうやって、まったく新しい自転車ができたこともあります。

左の写真は「ＦＡＺＯＭ（ファゾム）」といって、ボートをこぐように、全身の屈伸運動を通して動かす自転車です。ぼくといっしょに哲学の会社を創業したメンバーの吉辰桜男（よしたつさくらお）が、自身の事業として開発・販売しています。

これまでのペダルを回す駆動方式に「問い」を立て、人間に最大限の力を発揮させるには、

全身を使ってこぐ自転車「FAZOM」

フレームが人間の動きを制限してはならないというコンセプトのもと、つくられました。

また、たんに便利でラクな自転車ではなく、「全身のエネルギーを速度に変える」という体験と思想を軸に、独自の顧客を創出し、ロサンゼルスなどの一部地域で販売されています。

新しい市場をつくる製品を生み出し、独自の立ち位置を獲得するためにも、既存のモノに対して、問いを立てること、そしてその問いを深く洞察し、軸をつくりあげることはきわめて有効なのです。

これらに共通するのは、「問いの答え」を求める前に、**問いの前提や問い方を見直してみることで、思わぬ視点を得られたり、グルグル空**

回りしていた思考を前に進めたりできるということ。

つまり、**ものごとの「そもそも」を問うことで、新しい気づきがあったり、答えが見つかったりします。**

ムズカシイ知識はいらない

哲学シンキングを実践するうえでは、最新のビジネスメソッドも、特別な哲学の知識も必要ありません。

哲学の知識はときにいろいろなヒントを与えてくれますが、「哲学的に考える」という点においては、さしあたり不要です。

実際、「知恵を愛し求める者」として有名な哲学者、ソクラテスの考え方が参考になるでしょう。

ソクラテスは古代ギリシャの哲学者。「よく生きること」を探求し、弟子のプラトンをはじめ、後世のひとびとに多大な影響を与えた人物です。

彼は「ソクラテス以上の知者はいない」という神託を友人を通じて聞いたのですが、自分が知者だなんて、まったく身に覚えがありませんでした。

そこで神託の真意を探るため、政治家や作家など、知者と思われるひとびとと問答をくり返すのですが、彼らはソクラテスに次々と論駁（ろんばく）され、無知を暴露されてしまいます。

ここでソクラテスは、あることに気づきます。

一般的に知者といわれているひとびとは、博識であったり雄弁に語ったりするけれども、**「善とか美とか、もっとも大切なことがら」について知らないのに知ったつもりになっている。**一方、自分は**それらについて知らないことを自覚している**、と。

これを**「無知の知（自覚）」**といいます。かのソクラテス自身でさえ、「善美なることがらを知りたいと希（こいねが）うひと」でしかなく、「知者」ではないと思っていたのです。

これは、あらゆるものごとを考えるときに重要な「心がまえ」の1つでしょう。「自分の知識を疑えるひと」「自分の無知を自覚し、ほんとうのところはどうなのだろうかと追究できるひと」は強いのです。

そもそも大学などにいる「哲学の専門家」と呼ばれるひとたちもみな、最初は哲学の素人でした。ですが、教員や先輩から哲学の手ほどきを受け、さまざまな考え方と接しながら、自分独自の思考を身につけてきたのです。

その考え方は冒頭でご説明したとおり、みなさんの想像をはるかに超え、実生活やビジネスで活用できてしまいます。


この本で紹介する「哲学シンキング」は、1人でもできますし、複数人のワークショップ形式でもできます。

哲学シンキングは、ぼく自身が哲学の論文を書いたり、哲学的な問題を考えたりするときに、いつも自然とやっていた手順を、誰でも真似できるようにした思考術。

その方法を使ってビジネスパーソン向けのセミナーで、いつもどおり司会進行（ファシリテート）をしていたら、企業のひとたちから**「こんなに目からウロコの気づきが得られるとは思わなかった！　すごいね！　どうやっているの？」**と注目されるようになりました。


そんなわけでいつしか、大手企業の組織開発やマーケティングリサーチ、コンセプトメイキングなどのプロジェクトで取り入れられるようになり、最近では「哲学シンカー®養成・認定講座」というセミナー事業も展開しています。

「ＩＢＭ」や「東芝」「横河電機」といった企業のコンサルタント、デザインシンカー、デザ

哲学シンキングができること

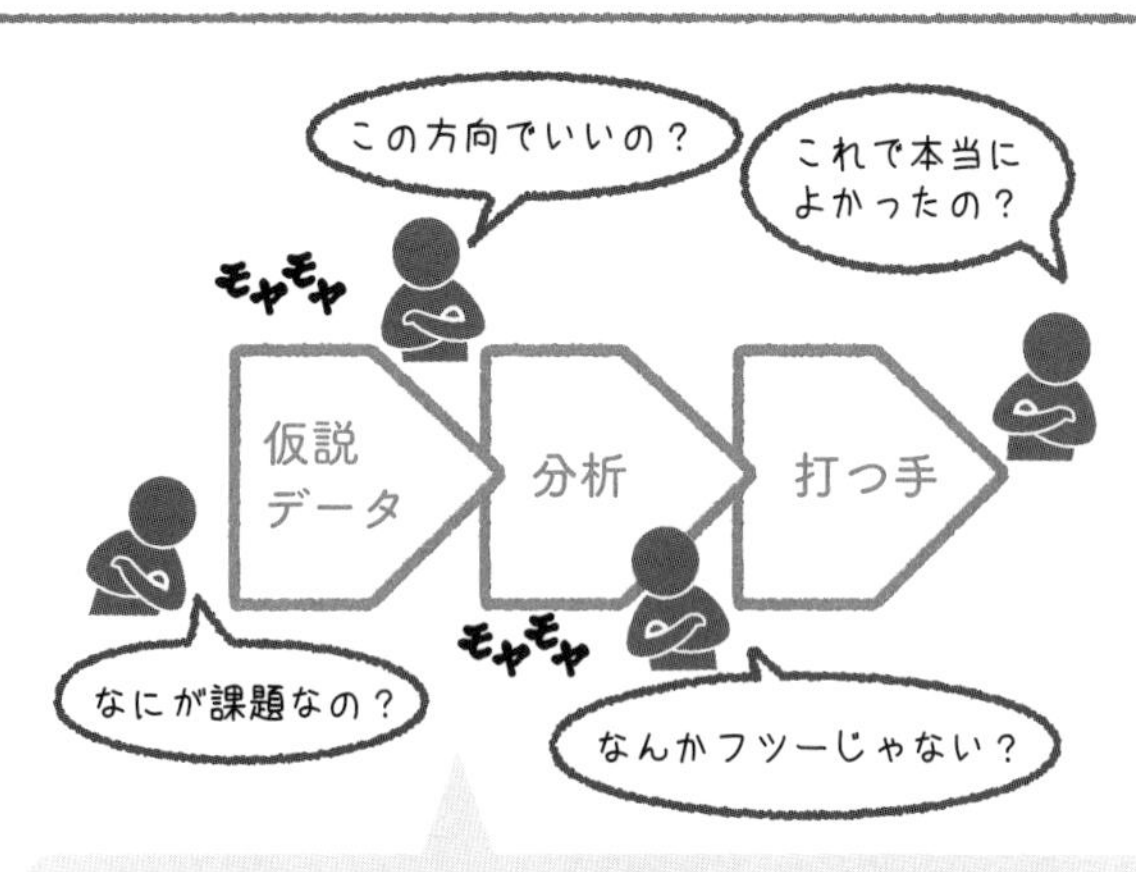

これまでの「思考法」では納得しきれない点も……

**問いに問いを重ね、本質をつかむ
哲学シンキングは……**

- 問題の真因を発見できる
- ひとの隠れた本心を引き出せる
- 自分（たち）の内なる意義／基軸を確立できる
- ボトムアップでチームの潜在能力を最大限に引き出せる
- 前提をくつがえし、斬新な視点を生む

イナーの方々が受講し、デザイン思考など、ほかのメソッドとも組み合わせながら、自身の仕事で活用されている方もいます。

「A4の用紙とペン1本」を持って

プライベートでもビジネスでも、適切に課題を発見・設定し、問題解決に使える、この哲学シンキング。A4の紙3～4枚と、ペン1本でできてしまいます。

ポストイットもホワイトボードもいりません。

言葉では伝えにくく、絵に書いたほうがわかりやすいときなどに、まれにホワイトボードを使いますが、基本的には不要です。

もっとやり方に慣れてくれば、紙やペンがなくても、頭のなかでできるようになります。

人生や仕事で道に迷ったとき、どの道がベストか、スーッと明るい見通しをつけることができるようになります。それは**自分オリジナルの「人生の羅針盤」をつくる**こと。

とはいえ、「ソクラテスは1日にしてならず」。

哲学は、いわば**「思考の筋トレ」**です。

毎日たった10分でも継続的に鍛えることで始めて、強靭（きょうじん）な思考力を身につけることができます。

この本を読み終えたときにみなさんは、人生やビジネスの逆境を、自分自身でかるがると乗り越えていくための、究極のツールを手に入れることになるのです。

Column 01

「哲学シンキング®」は、どこから生まれたのか？

“哲学”は、一般的にちょっと誤解されがちな言葉かもしれません。

しばしば、ある個人の人生観や価値観、信念、といった意味で使われることがあります。また、ソクラテスやニーチェをはじめ歴史上の哲学者を引き合いに出しながら、「自己啓発」や「お悩み相談」を目的にした人生訓や格言として、一部のセンテンスが切り取られて使われることが多いようです。

しかし、そういった“哲学”は、古代ギリシャに始まり2500年以上も紡がれてきた「フィロソフィア」としての「哲学」とは異なります。「哲学」は、理性（ロゴス）を通じて根源的な原理を探求する知の営みです。前提を問うたり、他者と対話したりして、誰もが納得するような考えを徹底的に追究します。

さまざまな哲学者の概念や学説を覚えることが「哲学」なのではなく、**なぜそのような考えにいたったのか、ほんとうにその考えは正しいのかを思考することのほうが、より哲学的な態度といえるでしょう。**

「哲学シンキング®」は、こういった哲学する思考法から、日々の生活やビジネスの現場で使えるエッセンスを厳選して抽出したメソッドです。プライベートな問題解決はもちろん、組織開発・チームづくり、マーケティングリサーチ、コンセプトメイキング、アイデアワーク、デザイン思考の補完などに活用できます。

哲学シンキング

もくじ

はじめに

哲学的思考力が5年後、10年後のビジネスを動かす

1章

問いを深め、本質をとらえる法

「複雑な問題」もクリアになる、哲学のテクニック

2章

隠れた本音を引き出すクリエイティブな「問いの立て方」

他者との対話のなかでアイデアを広げる方法

3章

想定を超えた〝未来のビジョン〟を描く

〝イノベーションの種〟を見つけ、大きく育てる方法

終章

「最後の大問題」にチャレンジする

思考を深掘りした先の「新しい世界」

問いを深め、本質をとらえる方法

「複雑な問題」もクリアになる、
哲学のテクニック

和菓子屋の危機を救え!

さあ、さっそくこの章からは、具体的にどういう状況で「哲学シンキング」を使って課題設定し、問題が解決するか、わかりやすくストーリーでご説明していきます。

みなさんの職場や身近にいるひとたちを想像しながら読むと、より効果的ですよ。

さてさて、ある町に住む家族になにか大変なことが起こりそうな予感……。

＊　＊　＊

日本のどこかにある小さな町に、小さな和菓子屋がありました。

この和菓子屋のおばあちゃんは、近所でも評判の人気者で、

登場人物は

中学生の勘太くん

勘太くんのおばあちゃん

おばあちゃんと話がしたくて、和菓子を買いに来るお客さんもいるくらいです。

孫の勘太くんも、そんなおばあちゃんのファンの1人。今日も和菓子を食べに、自宅から歩いて10分のおばあちゃんのお店にやってきました。

「おばあちゃん、今日も遊びに来たよ。もちもち桜餅ちょうだい」

いつものように大きな声で言ったのですが、どうもおばあちゃんの元気がありません。

「いらっしゃい、勘ちゃん。でも、ごめんね、今日は、もちもち桜餅ないのよ」

「ない？　どうして？　こんな昼間に売り切れちゃったの？」

勘太くんは不思議そうにたずねました。

一瞬、ためらって黙っていたおばあちゃんが「じつはね……」と口を開くと、なんでも、近所に最近できた巨大スーパーのなかに、テレビやインターネットで話題の和菓子屋ができたとのこと。たちまち町のひとたちのあいだで大評判。

そのせいなのかおばあちゃんのお店の客足が遠のいてしまい、この2週間、もちもち桜餅が売れ残るばかりだから、今日はつくっていないのだと言います。

「こんな状況が続くとしたら、このお店も、たたまないといけないかもしれないねぇ」

幼いころから、おばあちゃんもおばあちゃんの和菓子も大好きな勘太くん。

この話を聞いて胸が苦しくなり、どうにかして、おばあちゃんのお店を救いたいと思いました。ところが、勘太くんには、どうやったらお店を救えるのかわからないばかりか、どこから考えたらいいかさえわかりません。何が問題なのか、どんな問題が起きるのか。

「いったいどうしたらいいんだろう? お店の経営のことはよくわからないし……。そういえば、お父さんが『ビジネスに使える哲学シンキング』って雑誌を読んでたなぁ」

自宅に戻った勘太くんは、リビングに置いてあった雑誌を自分の部屋に持っていき、さっそく、読みはじめました。

テーマ1

「本質的な課題をどうやって突きとめるか？」

哲学シンキングがこんなときに使えます！

▼問題が起こったとき、何が本質的な課題なのか特定する（課題発見・設定）

▼よりよい解決法を探るため、創造的に考える（目標設定）

▼何をしたいのか、何をすべきか／すべきでないのか、意味や価値を構想する

▼日々の暮らしの中でモヤッとした問題を考えるとき、自分ひとりで頭を整理する

STEP 1 問いを集める

「ふむふむ。紙とペンを用意して、4つのステップにそって考えていけばいいんだな。よーし!」

ここのところ客足が遠のいてしまった、おばあちゃんの和菓子屋。
その真の原因はどこにあるのでしょうか。
どうやって、お店の危機を救うことができるのでしょうか。
勘太くんといっしょに考えていきましょう。

さて、「おばあちゃんの和菓子屋を救うには、どうしたらいいのか?」という課題が与えられたとき、みなさんならどうするでしょうか。
「新商品を開発する」「値段を下げる」「チラシを配る」など、課題を解決するためのアイデア出しをするひともいれば、市場調査のために、お客さんに聞き取り調査するひともいることでしょう。

なかには、市場調査のデータをもとに「お客さんが来なくなった真の原因は、○○ではないか？」と仮説を立てるひともいるかもしれません。

これらは、いずれも「おばあちゃんの和菓子屋を救うには、どうしたらいいのか？」という問いに対する「解」を求める方向性です。

これに対して、哲学シンキングは、最初から課題の答えを求めることはしません。

そもそも**問題の真因を見極めていなければ、どんな答えを出しても、それが問題のほんとうの答えなのかがわからない**からです。真の問題解決とは、適切な課題設定を前提とします。

むしろ、課題となっている問い（「どうすればお店を救えるか？」）に関する**「さらなる問い」を集める**ことから始めます。

「さらなる問い」？

そう、どんなことでも「思いつくままに疑問にしてみる」ということです。

ふだんから疑問に思っていることでも、突拍子のない問いでもかまわないので、問いをあげればいいのです。

この章で紹介するビジネスでの事例（おばあちゃんの「お店を救う」）はもちろん、みなさんの身近な生活のなかで生まれた悩み――たとえば「自分のやりたいことが見つからない」というような問題――でもまったく同じように考えてくださいね。

なかなか問いが思い浮かばないというひとは、130〜131ページの「問い方の基本パターン」を参照してみてください。

「○○なのはなぜなのか？」「そもそも○○って何？」「たとえば○○というのはどんなとき？」など、いろいろな疑問形のパターンがあります。

もし課題に対する意見や主張が浮かんでも、「疑問のカタチ」に変換してみてください。

勘太くんの主張「もっとみんなにおばあちゃんの和菓子を買ってほしい！」

↓

疑問のカタチ「おばあちゃんの和菓子がたくさん売れるにはどうしたらいいか？」

勘太くんの主張「新しい和菓子屋より、おばあちゃんの和菓子のほうがいいに決まってる！」

疑問のカタチ「いままでのお客さんは、なぜ新しい和菓子屋に行ってしまったのか？」

↓

こうして勘太くんは思いつくまま、次のような問いをあげてみました。

1「おばあちゃんの和菓子がたくさん売れるにはどうしたらいいか？」
2「巨大スーパーにお客さんを取られないためにはどうしたらいいか？」
3「いままでのお客さんは、なぜ新しい和菓子屋に行ってしまったのか？」
4「これまでに来店しなかった人は、なぜ来店しないのか？」
5「救うってどういうことなのか？」
6「おばあちゃん（の気持ちなど）を救いたいのか？　お店をつぶしたくないのか？」
7「そもそも、おばあちゃんは和菓子屋を続けたいのか？」

うーん、こうやって問いを書き出してみると、「おばあちゃんの和菓子屋を救うには、どうしたらいいのか」という問いには、いろいろな問いがひもづいていて、その背景にはたくさんの前提や、隠れていた疑問があったことがわかってきます。

問いの答えを追求しているだけだったら、「おばあちゃん（の気持ちなど）を救いたいのか？お店をつぶしたくないのか？」とか、「そもそも、おばあちゃんは和菓子屋を続けたいのか？」といった視点は出てこないでしょう。

だって、問いを考えてみる前の勘太くんは「どうやってお店を救うか？」ということだけに意識が向いていたわけです。

ですが万が一、おばあちゃんが「もう年だから、これをきっかけに、そろそろお店を閉じようかしら……」と、ひそかに思っていたとしたら、「おばあちゃんを救う」には、もしかしたらお店をたたむことが最適解になることだってありえます。

実際、著者であるぼくの会社のクライアントにも、ある事業を「やめる」という選択をした企業があります。「やめる」ことも、ムダな時間やコストを使わないための立派な決断です。

「片っぱしから問いを出す」というルールを設定すると、バイアスから解放され、〝意外な選択肢〟を引き出します。**課題に対する「答え」ではなく、課題に関する「問い」を出していくことで、「常識的にはありえない視点」「ぶっとんだ発想」も許されてしまう。**

もともとの前提（＝おばあちゃんの店を救わなくてはならない）が拡張され、「答え探し」では見えてこなかった、盲点や意外な視点が得られるのです。

ぶっとんだ「問い」、大歓迎

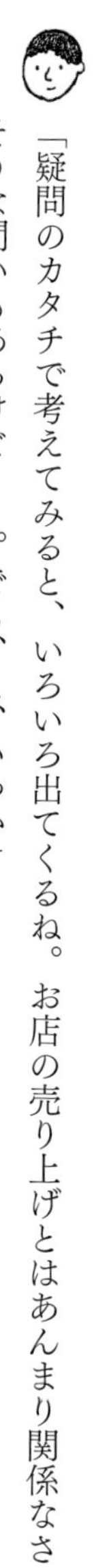

「疑問のカタチで考えてみると、いろいろ出てくるね。お店の売り上げとはあんまり関係なさそうな問いもあるけど……。でも、ま、いっか」

はい、この時点では「よい問い」か「悪い問い」か、あまり気にする必要はありません。

STEP 2―A 問いを整理する：グループに分けてみる

次に「ステップ1 問いを集める」で出した問いを整理してみましょう。

たくさんの問いをあげると、視野が広がる反面、いろんな視点が出すぎて、もっと頭のなかがぐちゃぐちゃになってしまいませんか？

では、より考えやすくするために、似ている問いをグループ化して、それぞれが何を言いたかったのか、整理してみましょう。

そうすることで、最初の課題（＝おばあちゃんの店を救う）に対して、どんなアプローチがありうるか、戦略の方針を立てることができるようになります。

さあ、問いを眺めて、なにか〝共通すること〟が見えてこないか、考えてみてくださいね。

この問いとあの問いは、ちょっと似ているな、と思うものを集めるのです。

ここにも「唯一の正しい解」はありません。

自分なりの解釈で、ざっくり大きな仲間で分けられればＯＫです。

「定義」「時（時間）」「場所」「条件」「価値」「手段（方法）」など、いろいろな視点で考えてみてください。もし、グループ化できない問いがあれば、グループ化せず、そのままでもかまいません。

たとえば勘太くんは、どうしたでしょう。

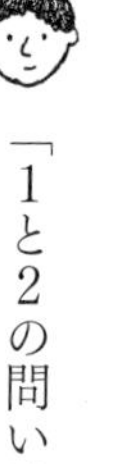

「1と2の問いは、おばあちゃんの和菓子屋の売り上げを伸ばしたいって気持ちから出てきたから……」

1〜2の問いは、「お店の売り上げアップについての問い」としてまとめられそうです。

「3と4が知りたいのは、どうしてお客さんがスーパーの和菓子屋に行っちゃったのか、なぜもっとおばあちゃんの和菓子屋に来てくれないのかってことだよね」

ということで、3と4は「お客さん（潜在顧客を含む）の意識や来店理由についての問い」

としてグループ化できます。
5、6、7は直接お客さんを増やすための問いではありませんが、おばあちゃんの気持ちにかかわる部分。

「結局、おばあちゃんがお店のことをどう思っているかが大事だもんなあ〜」

5〜7の問いは、「おばあちゃんのお店を救うことの意味や理由についての問い」としてまとめてみましょう。

こうして7つの問い（41ページ参照）は、大きく3つのグループに整理できました。

A　お店の売り上げアップ（伸ばし方）についての問い
B　お客さん（潜在顧客を含む）の意識や来店理由についての問い
C　おばあちゃんのお店を救うことの意味や理由についての問い
（「おばあちゃんが和菓子屋をやっている理由についての問い」）

最初は、「お店を救う」という1つの視点しかなかったのに、こうやって整理してみると、もともとの問いをたくさんの視点で考えることができるようになります。

「うーん。これはいろいろ考えなきゃいけないことがありそうだぞ……！」

同じ対象を多角的に見てみることで、まったく違った見え方やアプローチを思いつくことができましたね。

問いをざっくりグループ化する

「おばあちゃんの和菓子屋を救うには、どうしたらいいのか？」

Ⓐ
1. おばあちゃんの和菓子がたくさん売れるにはどうしたらいいか？
2. 巨大スーパーにお客さんを取られないためにはどうしたらいいか？

Ⓑ
3. いままでのお客さんは、なぜ新しい和菓子屋に行ってしまったのか？
4. これまでに来店しなかった人は、なぜ来店しないのか？

Ⓒ
5. 救うってどういうことなのか？
6. おばあちゃん（の気持ちなど）を救いたいのか？ お店をつぶしたくないのか？
7. そもそも、おばあちゃんは和菓子屋を続けたいのか？

問いには数字をつけていく

似ている問いはグルーピングして整理する

Ⓐお店の売り上げアップについての問い

Ⓑお客さん（潜在顧客を含む）の意識や来店理由についての問い

Ⓒおばあちゃんのお店を救うことの意味や理由についての問い

グルーピングした問いが何をめぐる問いか見直して整理する

STEP 2―B 問いを整理する：優先順位をつける

次に、問いのグループを、どこから考えていくか検討し、見通しを立てます。

なんらかの目的を達成するときに、やみくもに進んでは効率が悪いでしょう。それどころか進め方によっては、成功するはずのものも失敗してしまうかもしれません。

最初の課題を解決するのに、どこから考えたらいいか、戦略を立てたうえで考えはじめるのです。

前項でグループ分けしたAもBもCも、最初の課題に対して、それぞれ異なる視点を持った問いの集まりです。もう一度、見てみましょう。

A　お店の売り上げアップ（伸ばし方）についての問い

B　お客さん（潜在顧客を含む）の意識や来店理由についての問い

C　おばあちゃんのお店を救うことの意味や理由についての問い
（「おばあちゃんが和菓子屋をやっている理由についての問い」）


では、みなさんなら、A、B、C、どれから考えはじめますか？

「おばあちゃんの和菓子屋を救うにはどうしたらいいのか」という問いについてなら、いちばん解決に近い視点は、売り上げアップを目指すAのグループや、お客さんを呼び込もうとするBのグループだと思う人が多いのではないでしょうか。

この意味で課題を解決するためには、AもしくはBから考えるのが最短ルートだ！……と考えるひとは、「解決志向の考え方」にとらわれすぎています。

哲学シンキングでは、この方針の立て方は「**よくない方針の立て方**」です。

問いの答えを追求する習慣のあるひとは、最初に立てられたフレーム（＝枠組み）のなかで考える傾向にあります。

しかし、**どんな問いも、なんらかの隠れた前提や思い込みを宿しているもの**です。

「はじめに」でご紹介した「ほんとうのわたしは、何がしたいんだろう？」という問いの場合、「ほんとうのわたしがどこかに存在する」という前提や、「そのようなわたしがしたい、何かがどこかに、存在するはず！」という、強い思い込みともいえる前提が隠れていました。

問いの答えにばかり目を向けていると、「もしかしたら、ほんとうのわたしなんて存在しないのでは？」とか、「じつは、なにもしたくないわたしがいてもいいのでは？」という潜在的な問いに気づくことができません。

「おばあちゃんの和菓子屋を救うには、どうしたらいいのか」という問いも同様です。

もし、そもそも「売り上げアップ」をおばあちゃんが望んでいないとしたら、「売り上げアップ」の目標を達成するだけでは、真の課題を解決したことにはなりません。

売り上げは伸びたけれども、結果としておばあちゃんが不幸になったというのでは、本末転倒でしょう。

今回のケースの場合、たしかに最終的に知りたいのは、AもしくはBのグループに関する問いなのかもしれませんが、哲学シンキングで最初に考えるべき問いのグループは、Cになります。

なぜか？

売り上げアップやお客さんの増加の方法よりも、何をすれば真の課題解決となるのかが明確になるように、適切に課題を設定したいからです。一見、答えから遠そうに見える問いにヒントが隠れていることがあります。ですから、いくつか候補が上がったら「直接的には解決策にならなそうでも、モヤモヤ違和感がある問い」からスタートしてください。

では、Cの次に問うべきはどれでしょうか。

Aの売り上げアップの方法を考えるためには、Bの「どうしたらお客さんが来てくれるのか」を考える必要がありそうです。

その点で、Cの次にはBについて考え、最後にAについて考えるのがよさそうです。

C　おばあちゃんのお店を救うことの意味や理由についての問い
（「おばあちゃんが和菓子屋をやっている理由についての問い」）

←

B　お客さん（潜在顧客を含む）の意識や来店理由についての問い

←

A　お店の売り上げアップ（伸ばし方）についての問い

「まず、おばあちゃんがお店のことをどう思っているか聞いてみないと！」

ただし、これはあくまでも、この段階における見通しにすぎません。

最初にCのグループの問いについて考えるうちに、Cの次にAを考えたほうがいいと気づくかもしれませんし、時間の都合で、AかB、いずれかしか考えられないかもしれません。

問いを整理する段階では、なんとなく青写真を描いておけば十分です。

哲学シンキングの大原則

解決策から遠そうに見えても、モヤモヤ違和感を感じる問いからスタートする

STEP 3―A 議論を組み立てる

さて、いよいよここからが哲学シンキングの本題です。「ステップ3」にいたってはじめて、問いについて考えていきます。

最初に考えるのは、「ステップ2　問いを整理する」で見通しを立てた「C　おばあちゃんのお店を救うことの意味や理由についての問い」です。

このグループには、次の問いが含まれているのでした。おさらいしてみましょう。

5「救うってどういうことなのか？」

6「おばあちゃん（の気持ちなど）を救いたいのか？　お店をつぶしたくないのか？」

7「そもそも、おばあちゃんは和菓子屋を続けたいのか？」

これらの問いのうち、どれを考えるか、どこから考えるかについては、自分がピンときたものや、考えやすいものからでかまいません。

1つの問いをじっくり考えることもあれば、複数の問いを考えることもあるでしょう。

このステップで大事なのは、1つの木になるように、問いに対する「議論」の体系を組み立てていくことです（73〜75ページ参照）。

「議論」は、「前提」「推論」「理由」などをもとに「主張」（あるいは「結論」）を積み上げていくことでつくられます。

「ぼくは、おばあちゃんを救いたいんだ！」とか「おばあちゃんは、売り上げをアップしたいはずだ！」と声高に叫ぶだけでは、議論ではありません。次の58ページのように論理的に議論を組み立てることは、哲学シンキングにとってとても大切です。

ただし、哲学シンキングは論理的思考だけでくみつくされる思考法ではありません。

論理的な規則だけからは、新しい発想は生まれませんし、そもそも論理は、論理によって基礎づけられないさまざまな前提の上に成り立っています。

哲学シンキングは、「なぜ、そう言えるのか？」「そもそも○○とは？」「もし、○○だったら？」などと問いを重ね、結論や推論、前提を疑いながら、議論を組み立てていきます。

一般的な論理的思考

前提1 ＝ 売り上げが落ちると
お店をたたまないといけない

前提2 ＝ お店をたたまないといけないから、
おばあちゃんは悲しい顔をした

↓（推論）

結論 ＝ 売り上げが落ちたから、
おばあちゃんは悲しい顔をした

↓

解決策

**おばあちゃんを救うには、
売り上げアップすればいい！**

ほんとうに、売り上げが落ちたら、お店をたたまないといけないのか？
推論に飛躍はないか？
売り上げ低下以外にも、おばあちゃんが悲しい顔をした理由はないか？

合理的な議論体系を組み立てるだけでなく、その過程で生まれる問いに問いを重ねて「別の可能性＝分岐点」を押し広げ、「隠れた前提」を見つけることが、哲学シンキングの真骨頂です。**思い込みを取り除き、前提の前提をさかのぼっていくことで、より根源的な原理を追究していくことは、古代ギリシャの哲学者プラトンもやっていた哲学的思考です。**

たとえば、「あの景色は美しい」「この音色は美しい」「She is beautiful」など、個々の「美しいもの」をわたしたちは認識し、お互いに言葉を交わしています。「美しいもの」は多種多様かもしれないけれど、「美しいもの」に共通する「美」の本質は何か。プラトンはそれを「美のイデア」と呼び、ロゴス（理性、言葉、論理）を頼りに、それを探求しようとしました。

ほかにも彼は「勇気とは何か」「正義とは何か」など、さまざまな問いを問うたのですが、いくつかの前提から議論を組み立てるなかで、対立意見や矛盾を引き出し、かえって「そもそ

るのです。

も○○とは何か」を考えさせます。そうして、ものごとの本質（イデア）にさかのぼろうとす

そもそも「美そのもの」なんて実在するのか、普遍的なものの追求が哲学なのかというと哲学者でも意見が割れますが、思い込みや前提を疑い、議論を深掘りしていく点は、哲学的な思考の一部といえるでしょう。

そうしていくうちに、最初は素朴だった問いが、だんだん1つの木のように枝葉を伸ばし、「1つの体系（システム）」になっていきます。

哲学シンキングの肝（きも）は、そうした「議論体系」を育てていくことにあります。A4の紙には、そうした樹形図のような体系を描いていくのです。

哲学シンキングの樹形図の書き方については、あとのページでまとめますね。

ところで、この議論体系をつくるだけでも、思考は整理され、新たな気づきが生まれていくものですが、もっとも革新的な成果が生まれるケースは、じつのところ、この合理的な議論体系が「脱臼（だっきゅう）」し、破壊されるときです。

みんなが疑ってもみなかった大前提が、誰かの突拍子もない発言によってくつがえされることで、斬新な発想が発見される場面が、哲学シンキングでは頻繁（ひんぱん）に起こります。そういった

ケースについては、3章でご紹介します。

なぜその問いを抱いたのか

さて、勘太くんは、まず、5と6の問いについて考えました（49ページ参照）。「おばあちゃんの和菓子屋を救うには、どうしたらいいのか」という問いが、「大好きなおばあちゃんを救うにはどうしたらいいのか」という問いと、ほんとうに同じかどうか違和感を抱いたのです。

勘太くんは、「救うってどういうことなのか？」「おばあちゃん（の気持ちなど）を救いたいのか？　お店をつぶしたくないのか？」と自分自身に問いかけました。

最初に浮かんだのは、「じつは……」と悲しそうにしたおばあちゃんの顔でした。「おばあちゃんの和菓子屋を救いたい」と思ったのも、元気がないおばあちゃんに笑顔を取り戻したいからです。

そのときは、おばあちゃんを救うことは、和菓子屋の危機を救うことに結びついていると感じられました。

大切にしてきた和菓子屋のお客さんが減少し、このままだと店をたたまないといけないということが、おばあちゃんが悲しそうにしている理由だと考えたからです。

「だけどそれは、ほんとうにそうなのかな？　ほかにもなにか理由があるのかな？」

こんなふうに「なぜ自分はその問いを抱いたのか」を反省してみることは、哲学シンキングでとても大切です。そして、**自分の思い込みを批判的に考え直してみたり、別の理由を探ってみたりすることで、思いもよらなかった新しい視点が得られることもある**でしょう。

こういった場合には、問いに対するさらなる問いを立ててみたり、いくつかのケースに分けてみたりします。

たとえば、「なぜ、おばあちゃんは悲しそうな表情をしたのか？」という新たな問いを立てて、次のように場合分けをしてみます。

1　人気商品だった「もちもち桜餅」が売れなくなったから

2　大好きなお客さんたちが、お店に来てくれなくなったから

3　長年続けてきた和菓子屋をたたまないといけなくなるかもしれないから

4　孫のぼくに、「もちもち桜餅」を食べさせてあげられなかったから

場合分けには、すべてをくみつくせる場合と、そうでない場合があります。

たとえば、あるお客さんが、お店の人気商品である「もちもち桜餅」と「あんこ玉」をいっしょに買うか買わないかの場合分けは、次の4つでくみつくされます。

① もちもち桜餅とあんこ玉を買うケース
② もちもち桜餅だけ買うケース
③ あんこ玉だけ買うケース
④ どちらも買わないケース

でも、「おばあちゃんが悲しい顔をした理由」のような「理由」を問う問題には、完全にくみつくせないことがたくさんあります。今回の場合も先にあげた4つのケース以外に、なにかほかの理由があるかもしれません。

「もしかしたら、おばあちゃんにしかわからない理由がありそうかな」

その場合には、あとで思いついたらつけ足すとして、その段階で思いつく範囲で、可能なかぎり箇条書きにしていきます。

「おばあちゃんは、ぼくをあざむいて悲しい顔をしたのでは？」など、無理に問いをひねり出す必要もありません。

近代フランスの哲学者デカルトは、「真なるもの」を求めて、目の前に見えているものや「2＋3＝5」といった足し算さえも、疑問に付しました。これは、あくまでも「方法」として、いったん疑ってみただけなので、「方法的懐疑」と呼ばれますが、あまりに疑いすぎても、現実から離れすぎてしまいます。

さて、仮に、おばあちゃんが悲しそうな表情を見せた理由を、62ページの1〜4のケースに分けてみたとき、「お店をつぶしたくないから、悲しい表情をした」と直接のつながりがあるのは、1〜3でしょう。もっと厳密にいえば、直接のつながりがあるのは、3だけかもしれません。

一方、もし1〜3は関係がなく、4のみが原因だった場合は、お店をつぶさないことは、おばあちゃんを悲しませないことに、直接つながらないかもしれません。
仮にこの場合だったら、「おばあちゃんの和菓子屋を救うには、どうしたらいいのか?」という課題の解決は、直接的には、売り上げアップではないことになります。

「……あれ？　売り上げアップが解決策ではないかもしれない?」

なんだか勘太くんの考察は、予想もつかなかったところに広がっています。

「本質的な課題」を見極める

かなり考えが深まってきましたが、頭がこんがらがっていませんか？
ちょっと疲れてしまったひともいるかもしれません。まさに「思考の筋トレ」です。
深呼吸して、もう一度、ゆっくりいきましょう。
おばあちゃんが悲しそうな顔をしていた理由の候補をおさらいしておきますね。

1　人気商品だった「もちもち桜餅」が売れなくなったから
2　大好きなお客さんたちが、お店に来てくれなくなったから
3　長年続けてきた和菓子屋をたたまないといけなくなるかもしれないから
4　孫のぼくに、「もちもち桜餅」を食べさせてあげられなかったから

哲学シンキングでは、右の４つのうち、どれがおばあちゃんが悲しい表情を見せた真の原因かについての答えを性急に特定する必要はありません。

最終的な答えが出ていなくても、「Xが本質的な課題だった場合は、Yという課題解決が求められる」ということがわかることが真の課題解決の第一歩です。**真の課題解決のためには、どんな課題を設定すべきかを見極めておく必要がある**のです。

もし1~3を除いた4だけが理由だった場合、売り上げアップは直接の解決法ではない――これだって、とても有益な情報です。

では、1~3はそれぞれ、新たに出てきた課題とどのような関係にあるのでしょうか。

ここでいう課題とは「自分は、おばあちゃん（の気持ちなど）を救いたいのか？ お店をつぶしたくないのか？」という問い、そして「なぜ、おばあちゃんは悲しそうな表情をしたんだろう？」という問いです。

問うべき課題から、あまりわき道に逸れすぎないように、何度も、もともとの問いを確認することはとても大切です。1つひとつ見ていきましょう。

もし、「なぜ、おばあちゃんは悲しそうな表情をしたんだろう？」という問いの理由が1だったら、何が解決策になりそうでしょうか。

「巨大スーパーができる前は〝もちもち桜餅〟は人気だったんだ。前と同じようにヒット商品にすることが、解決策になりそう」

一方、2が理由だったら？

「大好きなお客さんたちに、またお店に戻ってきてもらわなくちゃ」

この場合は、もしかすると和菓子がそれほど売れなくても、おしゃべりできる近所のお客さんが戻ってくれれば、課題が解決するかもしれません。

では、3だとしたら？

「和菓子屋がつぶれないようにすること、そのために、なにかしらの方法でお店を存続させることが解決法だよね」

こうやって細分化してみると、1〜3の理由も、「お店をつぶさないことが解決策だ！」とか「売り上げアップが解決策だ！」と一概には言えなくなり、それぞれのケースは次のように整理できます。

「自分は、おばあちゃん（の気持ちなど）を救いたいのか？　お店をつぶしたくないのか？」
←
お店をつぶさないことが、おばあちゃんを救うことになるのか？

そう思った根拠　↓　「じつは……」と口を開いたおばあちゃんが悲しそうだった
←
「なぜ、おばあちゃんは悲しそうな表情をしたんだろう？」

1　人気商品だった「もちもち桜餅」が売れなくなったから
←
「もちもち桜餅」が売れるようになることが解決策。
お店全体の売り上げアップが直接の解決策になるかは保留だけど、
もちもち桜餅を売るためにお店がつぶれてはいけない

2　大好きなお客さんたちが、お店に来てくれなくなったから
←
お客さんたちがまたお店に戻ってきてくれることが解決策。
売り上げアップが直接の解決策になるかは保留だけど、
お店がつぶれると戻ってこられなくなるから、お店がつぶれてはいけない

3　長年続けてきた和菓子屋をたたまないといけなくなるかもしれないから
←
お店を存続させることが直接の解決策

4　孫のぼくに、「もちもち桜餅」を食べさせてあげられなかったから
←
お店がなくなっても、ぼくにだけつくってくれれば、解決策になるかもしれない。
かならずしも、お店がつぶれないことが唯一の解決策とはかぎらない

ところで、こういった議論を頭のなかだけで考えていると、覚えきれませんよね。人間は短い時間で、一度にたくさんのことを覚えておくことはできません。他人の11桁の電話番号でさえ、あやしいでしょう？

では、どうすればいいか。

議論の広がりを紙に図示して考えていきましょう。

「図示」といっても、上手に描ける必要はありませんよ。議論の構造を可視化できることが大事です。

哲学シンキングでは、このメモを**「哲レコ（哲学レコーディング）」**と呼んでいます。

哲レコは73ページのような基本パーツを使いながら、議論の広がりを樹形図のように描いていきます。ここまでの議論の構造を図示すると、74〜75ページのようになります。

モヤモヤがスッキリと晴れる「2つの方法」

ひとがモヤモヤとした問いや悩みを抱えるとき、そのモヤモヤを取り除くのに、とても有効な方法が、少なくとも2つあります。

1つは、**頭のなかだけで考えるのではなく、手や体を動かして、なんらかの行動をとること。**

「手を動かす」というのには、いろんな方法があります。

議論体系の構造がわかるように「哲レコ」を描いてみることのほかにも、思いついたままに文章にしてみることも、手を動かす方法の1つでしょう。

思いついた順に課題に関する問いを書き下してみるだけでも、ずいぶんとスッキリするはずです。

また、筋道を立てて、誰かにわかるように説明してみるのも効果的。こうして話し言葉を使って頭のなかの問いを外側に出してみるのも、1つの行動です。

モヤモヤを取り除くもう1つの方法は、「問いを（組み）立てる」ということです。

悩みで行き詰まっているとき、じつは、**答えが見つからないから悩んでいるのではなく、何が課題か整理できていなくて悩んでいる**、ということが多いように思います。

言い換えれば、モヤモヤの原因は、**問いを正確に立てられていないことが原因**であることが多いのです。

ここまでの議論でも、じつは「おばあちゃんの和菓子屋を救うには、どうしたらいいのか？」

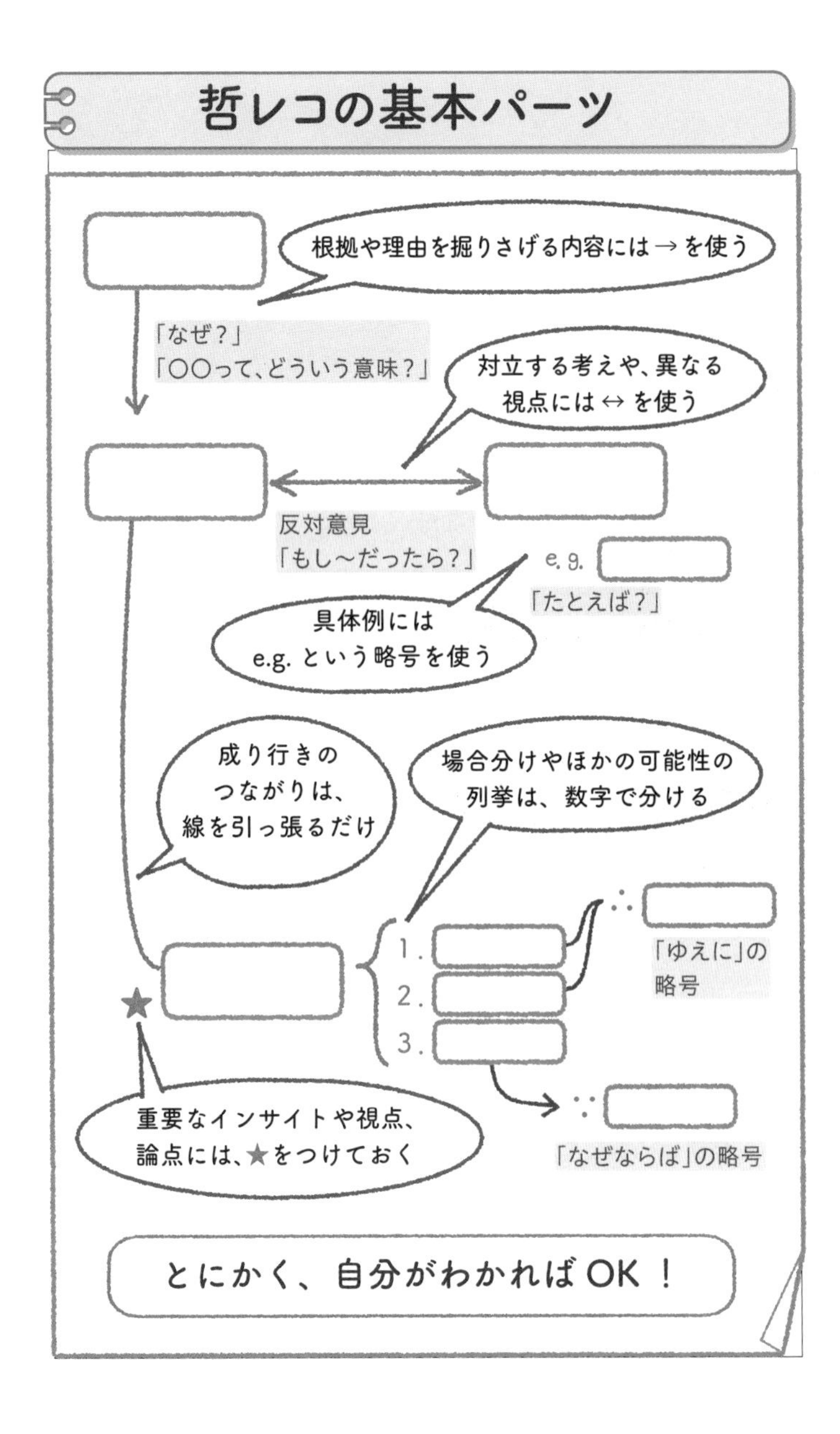
哲レコの基本パーツ
根拠や理由を掘りさげる内容には → を使う
「なぜ？」
「〇〇って、どういう意味？」
対立する考えや、異なる視点には ↔ を使う
反対意見
「もし〜だったら？」
e.g.
「たとえば？」
具体例には e.g. という略号を使う
成り行きのつながりは、線を引っ張るだけ
場合分けやほかの可能性の列挙は、数字で分ける
1.
2.
3.
∴
「ゆえに」の略号
∵
「なぜならば」の略号
重要なインサイトや視点、論点には、★をつけておく
とにかく、自分がわかればOK！

関連する項目の糸をつないでいく。
きれいに線を引かなくてもよい

「もちもち桜餅」が売れるようになることが解決策。
お店全体の売り上げアップが直接の解決策になるかは保留
だけど、もちもち桜餅を売るためにお店がつぶれてはいけ
ない

お客さんたちがまたお店に戻ってきてくれることが解決策。
売り上げアップが直接の解決策になるかは保留だけど、
お店がつぶれると戻ってこられなくなるから、お店がつぶれ
てはいけない

お店を存続させることが直接の解決策

お店がなくなっても、ぼくにだけつくってくれれば、
解決策になるかも。
かならずしも、お店がつぶれないことが
唯一の解決策とはかぎらない

「哲レコ」を書いてみよう

C おばあちゃんのお店を救うことの意味や理由についての問い

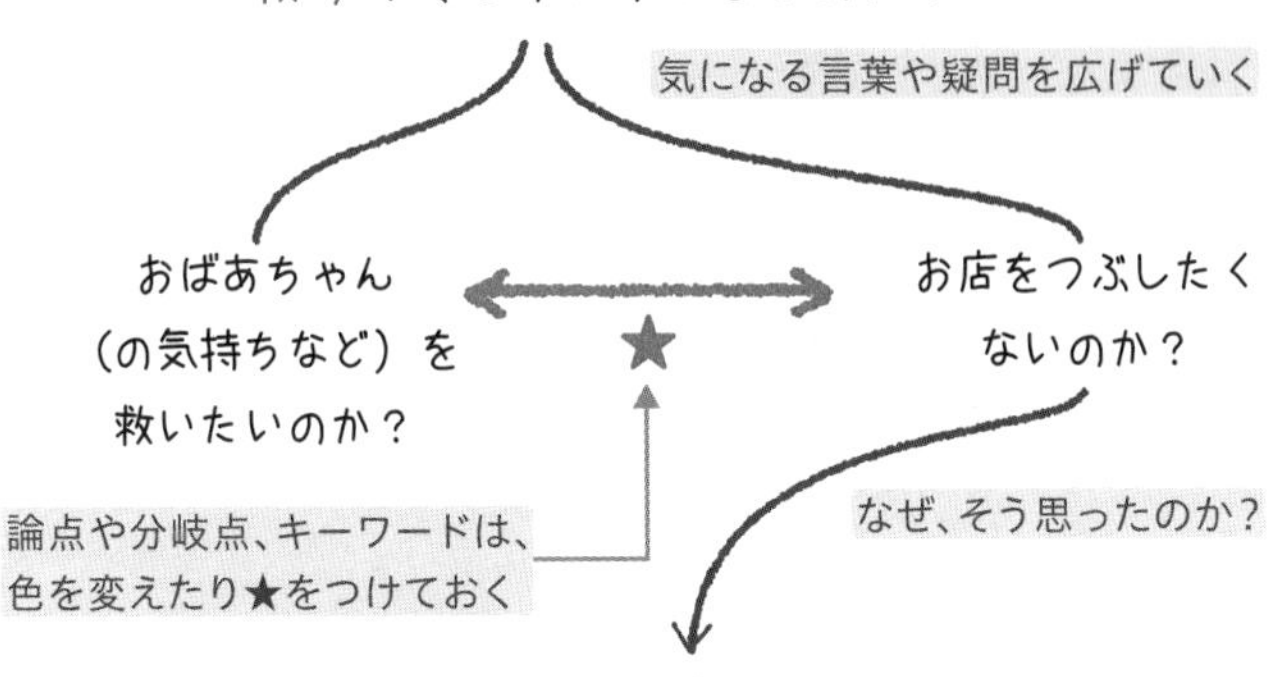

なぜ、そう思ったのか？

∵ おばあちゃんが悲しそうだった。
お店を救う＝おばあちゃんを救うと思った

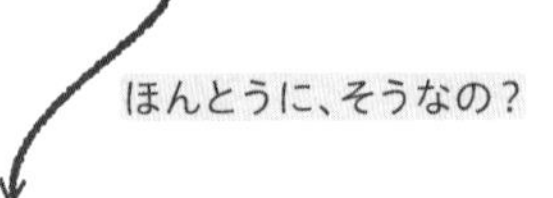

なぜ、おばあちゃんは悲しそうな表情をしたのか？

1．「もちもち桜餅」が売れなくなったから
2．お客さんたちが、お店に来てくれなくなったから
3．和菓子屋をたたまないといけなくなるかもしれないから
4．ぼくに、「もちもち桜餅」を食べさせてあげられなかったから

という問いに対して、まだなんら解答を得ていません。

ただ、ここまでの項目でやってきたことは、**課題のいろんな視点を洗い出すとともに、何が真の課題であるかを特定すること**です。にもかかわらず、この問いで問われていることは何か、どんな前提や条件があるか、どういう問いを解決すれば真の解決になるのかは、少しずつスッキリしてきています。

「スッキリする」というのは、「これこれの条件のときは、この解決策になる」ということが明確になると同時に、「これこれの条件のときは、解決策にならない」ということが明確になることでもあります。

問いを明確にするという作業は、あるものと別のものの判別がつくように、「境界線」「差異」を明確にする作業ともいえます。**悩みや問題がモヤモヤとするのは、多くの場合、いろいろなケースの境界線がアイマイであることに起因する**からです。

問いをきちんと立てられれば、モヤモヤのほとんどが取り除かれますよ。

「この部分に引っかかっていたんだ」と、頭のなかがスッキリしたあとは、その問いを解決するために努力すればいいだけです。

悩みの本質とは

× 解決策が見つからない

○ 何が「真の問題」かわかっていない

➡ ここをターゲットにできれば9割解決

閑話休題。

勘太くんとおばあちゃんのストーリーに話を戻しましょう。

ここまでで、5と6の問い（56ページ参照）を考えました。

7についても、同様に考えてみるといいのですが、すべての問いについて考える必要はありません。

自分がとくに気になった問いをあつかうだけでもかまいません。

話が長くなっていますが、ここでは先を急ぎましょう。

STEP 3—B 別の視点から議論を組み立てる

さあ、次は別の角度から問いをもっと深めていきます。

「ステップ3—A」（56ページ参照）では、C「おばあちゃんのお店を救うことの意味や理由についての問い」について考えてきました。

同様に、ほかの問いのグループについても、考えてみないといけませんね。

「ステップ2—B」（50ページ参照）に戻ってみましょう。Cの視点のほかに、あと回しにした次の2つがありました。

A　店の売り上げアップ（伸ばし方）についての問い

B　お客さん（潜在顧客を含む）の意識や来店理由についての問い

これらについても、Cと同じやり方で考えていきます。

もちろん、両方を考えられるとよいのですが、時間が足りなかったり集中力が続かなかったりする場合もあるでしょう。その場合は、いずれかだけでかまいません。

では、AとB、どちらのほうが、考えるべき優先度が高いでしょうか。

時と状況によるので、いずれかが正解ということはありませんが、Cを考えてみたときに、「売り上げアップ」が真の課題解決になることは、場合分けしたどのケースについても確実ではありませんでした。

お客さんと話をしたいかもしれないといった要素があったことを鑑（かんが）みると、AよりもBを考えるほうが有益な成果が得られそうです。

また、「ステップ2—B」で見通しを立てたように、Aを考えるうえでも、まずはお客さんに戻ってきてもらわなければいけませんので、Bを先に考えたほうがよさそうです。

Bの問いは、次のような問いでした（49ページ参照）。

3「いままでのお客さんは、なぜ新しい和菓子屋に行ってしまったのか？」

4「これまでに来店しなかったひとは、なぜ来店しないのか？」

これらについても、5や6の問いと同じように考えていきます。3もしくは4の問いに対する直接的な考えでもいいですし、それらの問いに対する問いでもかまいません。
勘太くんは、こう思いました。

「そういえば、具体的に、お店に来ていたひとはどんなひとだったっけ？」

逆に、一度もお店で見かけたことのない知り合いもいます。

「ぼくの知り合いで、お店に来たことがないひとは誰だっけ？」

2週間前までによく来ていたお客さんと、自分の知っている人で、お店に一度も来たことがないひとを思い浮かべてみると、82ページのような顔が浮かんできました。

e.g.は「たとえば」の略号です。「哲レコ」では、よく使うキーワードなどを略号にすると、早くすっきりメモがとれますよ。ほかの略号については、73ページを参考にしてください。

哲学シンキングでは、具体例をあげ、それと照らし合わせながら考え進めていくことをおす

お店によく来ていたお客さん

e.g.

働きざかりのパパ、40歳くらいのサラリーマン、仁さん

おばあちゃんと同年代、よくお店で長話をしているおたけさん

お店に一度も来たことがない知り合い

e.g.

遠くにある頭のいい大学に通っている創志(そうじ)くん

おませな高校生の金ちゃん。最近彼女ができてよくいっしょにいるのを見かける

すめします。

「いままでのお客さん」とか、「これまでに来店しなかったひと」は、ぼんやりとした一般名詞であって、具体的に誰を指しているのかわかりません。

こういった場合は、具体的なひとを思い浮かべながら、そのひとがどんな特性なのか考えてみます。

お店によく来ていたひとは、年配のひとが多いことに勘太くんは気づきます。

そのなかには、おばあちゃんとお店でよく話す人が多いことにも気づきました。

一方で、自分と同年代の若いひとたちは、ほとんどお店に来ていないことにも気づきました。しかも、大部分が男子です。

この情報にもとづけば、年配のひとはお店に来ていたけれども、そもそも若い男子たちは、もともとお店に来ていなかったことになります。

そうだとしたら、若い男子たちが来店しないこととは、新しいスーパーができたこととは関係ないことになるでしょう。4の問いの対象となる主要なひとたちは、若いひとたち、とくに男子が多いと予想できます。

そうすると4の問いは、「4　若いひとたち、とくに男子は、なぜ来店しないのか？」と置き換えることもできるかもしれません。

一方、3の問いにおける「いままでのお客さん」は年配のひとが多く、そのなかにはおばあちゃんとよく話すひとが含まれています。

したがって、3の問いは「なぜ、彼らは新しい和菓子屋に行ってしまったのか？」という問いに置き換えられそうに見えます。

しかし、勘太くんは3の問いに新たな疑問を抱きました。

「ほんとうに、いままでのお客さんは新しい和菓子屋に行ったのだろうか？」と。

そういえば、この2週間は雨の日が多かった。もしかしたら、雨のせいでお客さんが減っただけなのではないか。もしそうだとしたら、晴れの日が続けばまたお客さんが戻ってくるのではないか。

ここで3の問いは「ほんとうに、いままでのお客さんは新しい和菓子屋に流れていってしまったのか？」という、隠れた問いを含んでいたことが明らかになりました。

もともとの3の問いは、この問いの答えが「イエス」であるときにのみ、有効になります。その場合には、なぜ新しい和菓子屋に行ってしまって、おばあちゃんの和菓子屋に来なくなったのかを問う必要があるでしょう。

一方、もし、お店に来なくなったお客さんが、そもそも新しい和菓子屋にも行っていなかったとしたら、3の問いは「いままでのお客さんは新しい和菓子屋にもおばあちゃんの和菓子屋にも来ないのはなぜか？」という問いに置き換えられることになります。

こうして考えてみると、先の5や6の問いと同じように、3や4の問いに関しても、86～87ページのように整理することができます。

問いを整理してみると、真の課題の解決策を考えるうえで、誰の考えを調査すべきかがおのずとわかってきました。

第一に、年配のお客さんや、おばあちゃんとよく話をしていたお客さんです。彼らには、新しい和菓子屋に最近行ったかを、まず聞く必要があります。「イエス」の場合、それがどうしてなのかを確認する必要があるでしょう。「ノー」の場合、なぜおばあちゃんの和菓子屋に来ないかを確認する必要があります。

もう1つの調査対象は、若いひとたち、とくに男子です。もともと和菓子屋に来ていなかったのだとしたら、巨大スーパーのなかに和菓子屋ができたこととはなんら関係がないのかもしれません。ですが、彼らがなぜ来ないのかも調査してみると、これまで来店していたひととの違いが明確になるかもしれません。また、もし売り上げアップが解決策になる場合には、彼らは潜在顧客として重要な調査対象になるでしょう。

「ステップ3—A」で検討した5〜7の問い（56ページ参照）も踏まえると、おばあちゃん自身がお店についてどう思っているかもさらに聞いてみる必要があります。

ほんとうのところ、おばあちゃんが何を思っているのか、悲しい表情を見せた理由は何だったのか、いくつか場合分けしたもののうち、どれかに当てはまるのか、当てはまらないのかを

論理的な展開や分岐点、別の可能性を、
前提を疑いながら考えていくことが、哲レコにおいて大切！

なぜ、年配のひとたちが
新しい和菓子屋に行ってしまったのか？

推論は正しかったか？　ほかの可能性は？

ほんとうに、いままでのお客さんは
新しい和菓子屋に流れていってしまったのか？

Yesの場合 ➡ もとの問いのまま

Noの場合 ➡ いままでのお客さんは新しい和菓子屋にも、
おばあちゃんのお店にも来店しないのはなぜか？

若いひとたち、とくに男子は、
なぜ来店しないのか？

「哲レコ」で議論を広げよう

B お客さん（潜在顧客を含む）の意識や来店理由についての問い

3. いままでのお客さんは、なぜ新しい和菓子屋に行ってしまったのか？

4. これまでに来店しなかったひとは、なぜ来店しないのか？

具体的に、お店に来ていたひとはどんなひとか？

e.g. 40歳くらいのサラリーマン、仁さん
よくお店で長話をしているおたけさん

★ 年配のひとが多い

知り合いで、お店に来たことがないひとは誰か？

e.g. 大学に通っている創志くん
高校生の金ちゃん

★ 同年代の若いひと、とくに男子

調査するために、おばあちゃん自身も調査対象に含まれてくるわけです。

こうして3や4の問いもより明確になり、さまざまな視点も生まれると同時に、どういったひとたちに調査を行えばいいかも明確になってきました。

最初は何から考えればいいかさえわからなかったのに、哲学シンキングを通じて、何が真の課題となっているか、何を調べないといけないのかが見えてきました。

さあ、次のステップは、ここまでの総仕上げです。

STEP 4 「新しい洞察・視点」の発見

いよいよ、最後のステップです。

ここまでの議論によって、樹形図が2枚（75、87ページ参照）できましたね。

最後のステップでは、この2つの体系を分析したり比較したりして、新しい視点や洞察を発掘します。

いったん、ここまでの話を「哲レコ」（49、75、87ページの図）を見ながら振り返っておきましょう。

哲学シンキングにおいては、適宜、**それまでの議論を反復して振り返ることが必要**です。

どんなふうに自分のなかで議論が進んできたかを思い出し、整理するためだけではありません。新しい視点や洞察を、振り返りのなかで発見していくためです。

★1 売り上げアップは保留
★2 お店がつぶれてはいけない

頻出ワードや新しい洞察／視点を分析し、印づける

「もちもち桜餅」が売れるようになることが解決策。★1 お店全体の売り上げアップが直接の解決策になるかは保留だけど、もちもち桜餅を売るためにお店がつぶれてはいけない ★2

お客さんたちがまたお店に戻ってきてくれることが解決策。★1 売り上げアップが直接の解決策になるかは保留だけど、お店がつぶれると戻ってこられなくなるから、お店がつぶれてはいけない ★2

★2 お店を存続させることが直接の解決策

お店がなくなっても、ぼくにだけつくってくれれば、解決策になるかも。かならずしも、お店がつぶれないことが唯一の解決策とはかぎらない

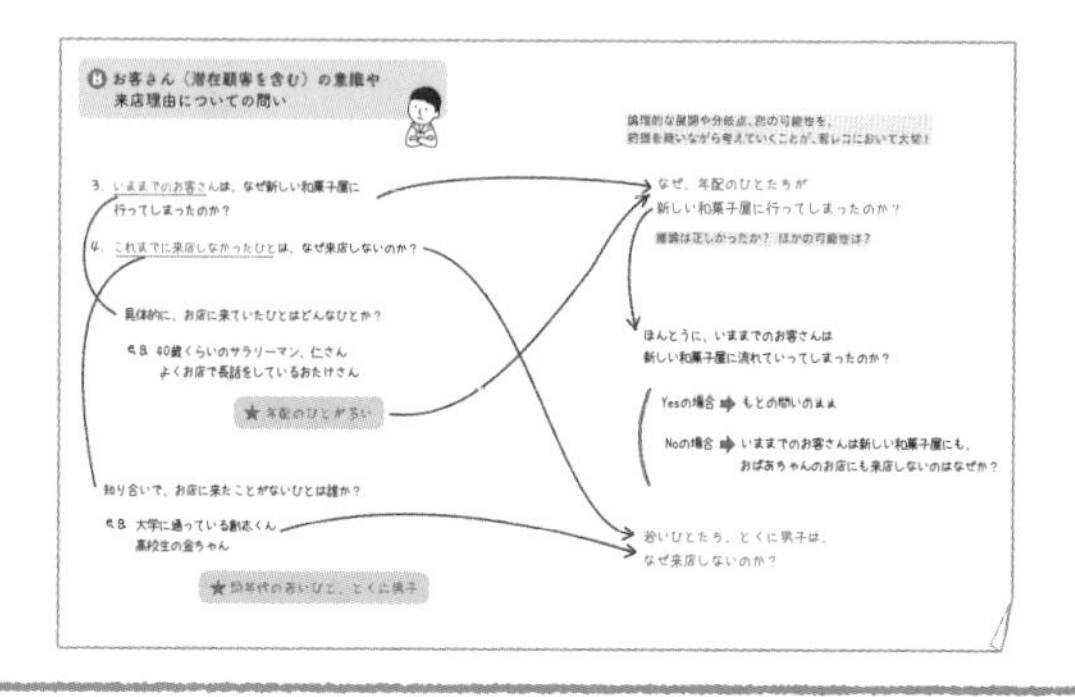

「哲レコ」を振り返ってみよう

Ⓒ おばあちゃんのお店を救うことの意味や理由についての問い

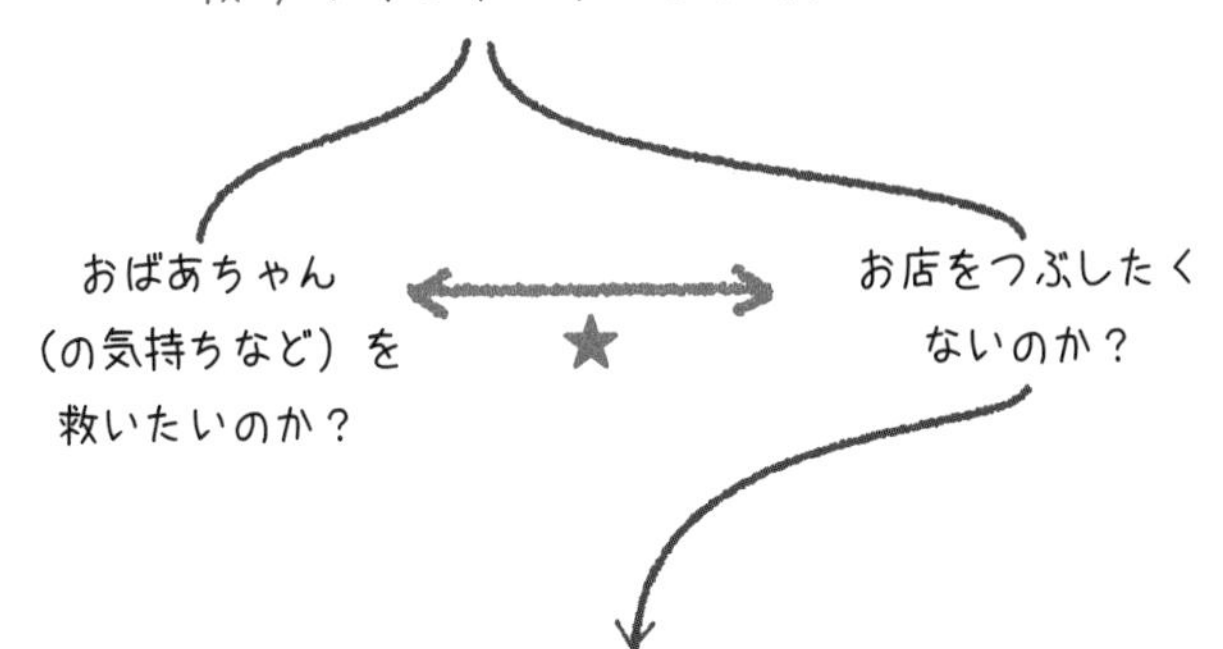

∵ おばあちゃんが悲しそうだった。
お店を救う＝おばあちゃんを救うと思った

なぜ、おばあちゃんは悲しそうな表情をしたのか？

1. 「もちもち桜餅」が売れなくなったから
2. お客さんたちが、お店に来てくれなくなったから
3. 和菓子屋をたたまないといけなくなるかもしれないから
4. ぼくに、「もちもち桜餅」を食べさせてあげられなかったから

もともとの課題は「おばあちゃんの和菓子屋を救うには、どうしたらいいのか？」というものでした。

最初のステップでは、課題に対する「答え」ではなく、7つの「問い」をあげ、「ステップ2」（49ページ参照）で、それらを次の3つにグループ化しましたね。

A　お店の売り上げアップ（伸ばし方）についての問い
B　お客さん（潜在顧客を含む）の意識や来店理由についての問い
C　おばあちゃんのお店を救うことの意味や理由についての問い

「ステップ3―A　議論を組み立てる」では、まず、Cのグループの問いについて考えました。

5　「救うってどういうことなのか？」
6　「おばあちゃん（の気持ちなど）を救いたいのか？　お店をつぶしたくないのか？」
7　「そもそも、おばあちゃんは和菓子屋を続けたいのか？」

これらの問いについて反省してみるなかで、勘太くんは和菓子屋をつぶさないことと、おばあちゃんを救うことが、ほんとうに同じことなのか疑問に思ったのでした。

また、おばあちゃんが悲しい表情を見せたのは、和菓子屋がつぶれることに対してだったのか確信がなく、4つのケースに場合分けしてみた結果、いくつかの気づきが得られたのでした。

次に、「ステップ3―B　別の視点から議論を組み立てる」（86～87ページ参照）は、「Bお客さん（潜在顧客を含む）の意識や来店理由についての問い」に分類される問いについて考えました。

3　「いままでのお客さんは、なぜ新しい和菓子屋のほうに行ってしまったのか？」
4　「これまでに来店しなかったひとは、なぜ来店しないのか？」

勘太くんは、お店に一度も来たことがない知り合いを思い浮かべてみたら、若い男子の顔ばかりが思い浮かび、4の問いは「4　若いひとたち、とくに男子は、なぜ来店しないのか？」と置き換えることができそうだと考えました。

一方、お店によく来ていたお客さんを思い浮かべてみたら、年配のひとや、おばあちゃんとお店で長話するひとが多いことに気づきました。

よって、3の問いは「なぜ、彼らが新しい和菓子屋に行ってしまったのか？」という問いに置き換えられそうに思えたのですが、「ほんとうに、いままでのお客さんは新しい和菓子屋に行ったのだろうか？」という新たな疑問が頭に浮かびました。

そこで、3の問いは「ほんとうに、いままでのお客さんは新しい和菓子屋に流れていってしまったのか？」という前提となる問いを含んでいることに気がつき、86〜87ページの図のように議論を整理してみたのでした。

さて、問いに問いを重ねて考える過程で、いくつか新しい発見があったことがわかりますね。

このように駆け足で議論を振り返ってみたとき、なにか改めて気がつくことはないでしょうか。

この最後のステップでは、哲レコ上で頻繁に登場しているフレーズに★印をつけるなどして、注目していきます。

たとえば、「C　おばあちゃんのお店を救うことの意味や理由についての問い」を振り返ってみましょう。90〜91ページをもう一度見てくださいね。

ここに**「お店がつぶれてはいけない（お店を存続させることが直接の解決策）」**というフレー

ズが3回出てきていることがわかるでしょう。

また、**「売り上げアップは保留」**というフレーズも2回出てきています。

こうした何度か出てくるキーワードに注目してみると、あることに気づきます。

すなわち、お店がつぶれてはいけないにしても、意外なことに、**売り上げアップが直接の解決策になるとはかぎらない**ということです。

通常は、お店の存続と売り上げの維持は、一心同体に考えられるかもしれませんが、ここでの議論を分析すると、お店の存続は必須だとしても、かならずしも商品の売り上げアップが至上命題ではないということがわかります。

「お店がつぶれてはいけない」理由も、勘太くん自身が考えてみたかぎり、お客さんがまた戻ってこられなくなるからであって、かならずしも売り上げが伸びないからではないかもしれません。

それどころか、お店がなくなっても、孫の勘太くんにもちもち桜餅をつくってあげることで、おばあちゃんは満足する可能性があることもわかりました。

さらに、「ステップ3―B　別の視点から議論を組み立てる」では、「B　お客さん（潜在顧客を含む）の意識や来店理由についての問い」を考えてみましたね。

年配のひとや、おばあちゃんと長話するひとがいままでのお客さんで多かったとしたら、彼らがお店に来なくなってしまったことじたいに、おばあちゃんはさみしさを感じているかもしれないと、仮説を立てることもできます。

そうだとしたら、商品の売り上げアップが望めなくとも、おしゃべりの相手でもあった、もともとのお客さんを取り戻し、なおかつ、なんらかの方法でお店じたいを存続させることができたら、課題もクリアできるかもしれません。

だから、「商品の売り上げアップは、もしかしたら必須ではない」ということです。

こうやって、「ステップ3―A　議論を組み立てる」と「ステップ3―B　別の視点から議論を組み立てる」を対照させながら分析・比較してみると、課題解決に向けてはいくつかの候補があるものの、次の2つの問いの重要度が高いのではないか、と見えてきます。

「話し相手でもあったお客さんが、どうしたら戻ってくるか？」

「商品の売り上げアップではない方法でも、お店を存続させることができたら、課題解決につながるのではないか。だとしたら、どんなふうに?」

「そんな方法、あるかな?」

「商品の売り上げアップではない方法でも、お店を存続させることができたり、話し相手であったお客さんが戻ってきたりしたら、課題解決につながるのではないか。だとしたら、どんなふうに?」というのは、今回、分析・比較を通じて、新しく出てきた問いです。

このように、**「答え」でなくとも、思考のフレーム(枠組み)が拡張され、新しい「問い」が出てくることで、最初には思いつかなかった視点が生まれる**ことがあります。

この新しく生まれた問いをテーマにして、改めて哲学シンキングを実施してみると、さらなる新しいアイデアが見つかるかもしれません。

「自由にアイデアを広げる」ことや「新しいコンセプトをつくる」ための哲学シンキングについては、2章と3章で取りあつかいます。

この章では、もともとの課題をひとりでさまざまな視点で眺められるようになり、何を調べてみるのがよいかがわかっただけで十分です。

多くのひとは、なにか問題が発生するとスピーディな火消しにこだわります。


「〈いますぐ〉〈何をすれば〉〈一瞬で〉問題を解決できますか？」

「とにかく仮説を立てて、すぐに検証したいんです」


だけど、ここで焦って課題を発見した気になってはいけません。

「起こっている問題の真因はどこにあるか」を見つける問いを立てることこそ、「課題解決」の前にとても重要です。


「『商品の売り上げアップは必須ではない』なんて、とんでもない！」

そう考えるひとも多いことでしょう。でも、働くひとたちが不満を抱えていて、突然、離職したり、モチベーションの低下により、じつは全体の効率が落ちていたりするかもしれません。

実際、ぼくの会社では、そういった課題を抱える企業の組織開発・社員研修を実施し、ワークショップ型の哲学シンキングで課題解決をしています。

自分自身はもちろん、プロジェクトにかかわるひとたちが何を求めているのか。

遠回りに見えても、真の課題を見極めることが売り上げアップの最短ルートになることだっ

課題解決の前に必ず「問い」で「問題の中心」を整理する

てあるでしょう。

いつものワンパターンな課題設定ではなく、もっと新しい問いや視点を発見できることが、哲学シンキングの神髄。

とはいえ、問いを立てるだけでは、課題解決には足りません。

次の章では、課題解決に向けて、調べなければならないとわかった問いについて、さらに考察してみましょう。

1章のまとめ

- 「何を解決すべきなのか」適切な課題発見・設定がカギ
- 解決から遠回りに見えても、モヤモヤ違和感のある問いからスタート
- 前提を疑ったり、別の視点から考えたりしながら議論を構成する
- 論理展開がわかるようにメモをとろう
- 問題となっていることがらの論点や境界線をクリアに
- 議論を振り返れば、新しい問いや洞察、視点が見えてくる

隠れた本音を引き出すクリエイティブな「問いの立て方」

他者との対話のなかでアイデアを広げる方法

むずかしい課題をみんなで考える

おばあちゃんのお店のことを考えると、いてもたってもいられない勘太くん。その日の夕方、今日起こったことを、さっそくお母さんに報告します。

「お母さん、聞いて！　たいへんだよ！　おばあちゃん、たたむんだって！」

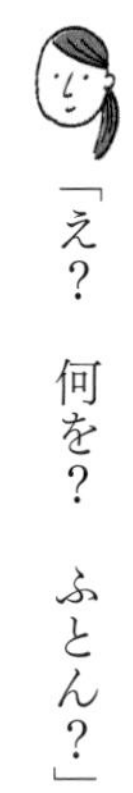

「え？　何を？　ふとん？」

「いや」

「着物？」

登場人物は

勘太くん

お母さん

おばあちゃん

これまでのお客（仁さん）

来店したことのない人（金ちゃん）

「……違うぅ」

「何をたたむの？」

「和菓子屋だよ」

「和菓子屋!?　どうして急に？」

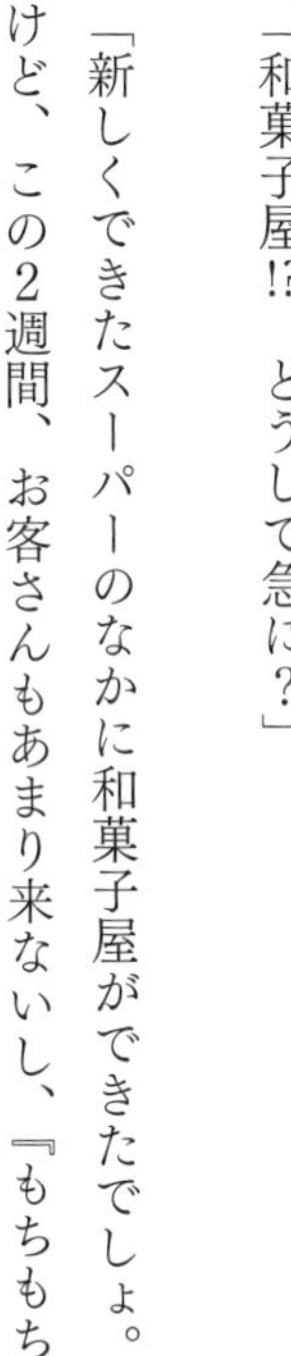

「新しくできたスーパーのなかに和菓子屋ができたでしょ。あのお店のせいなのかわからないけど、この2週間、お客さんもあまり来ないし、『もちもち桜餅』が売れなくなっちゃったんだって。だから、今日は『もちもち桜餅』をつくってもいなくて、ぼくにあげらなくて『ごめんね』って悲しい顔をしてたよ」

「そうなの……。あのお店は、勘太が生まれる前から、ずっとおばあちゃんが続けてきたお店なんだけどね。で、勘太はどう思うの？」

「うん、いろいろと考えてみたんだけど、ぼくはおばあちゃんが、ほんとうのところ、どう思っているのか聞いてみたい。それと、これまでお店に来ていたお客さんや、お店に一度も来たことがないひとたちにも。お母さん、みんなを集めてくれる？」

「もちろん、いいわよ」

勘太くんのお母さん、息子の優しい気持ちにうれしくなって、あくる日、それぞれに自宅に集まってもらえるように声をかけました。

最初にやってきたのは、おばあちゃん。おばあちゃんには聞きたいことがたくさんあります。

「勘ちゃん、こんにちは。おばあちゃんのためにこんなにしてくれて、ありがとうね」

「ううん、今日は来てくれてありがとう！」

おばあちゃんはなんだかちょっぴり照れくさそうです。

テーマ2

「ひとの本音を引き出し、整理して、課題の解決策を見つけよう」

哲学シンキングがこんなときに使えます！

▼うまく問いかけることで、他者から深いインサイト（洞察）や斬新な視点を引き出せる（マーケティングリサーチ、世代調査）

▼議論を整理して、みんなのコンセンサスをまとめたり、みんなをあっと言わせるような斬新な切り口やアイデア、解決策を出したりできる（アイデアワーク、課題解決）

▼会議や営業のときに、説得力のある話し方ができる

哲学的「問いかけ」の、驚くべき技法

「どうやったら、おばあちゃんの和菓子屋を救えるか？」という問いを、いろいろな視点から考え抜いた勘太くん。

おばあちゃんや、和菓子屋によく来ている仁さん、和菓子屋に来たことがない金ちゃんに声をかけて、課題解決に向けた哲学シンキングです。

先の章での勘太くんと同じく、哲学シンキングは1人でもできますが、このように複数人を対象にできるのが醍醐味。会議を生産的にしたり、みんなのアイデア出しの創造性を高めたりできます。

自分ひとりで課題について考えた際、勘太くんは、次の問いの答えを確認するのが、真の課題解決に向けた第一歩だと考えるにいたったのでした。

「おばあちゃんが悲しい顔をしていたのはなぜか？」

この問いに対する答えしだいでは「どうやったら、おばあちゃんの和菓子屋を救えるか？」という問いで求めている答えは、まったく異なるものになってしまいます。さらには、83ページで考えてきたように、次のような問いが重要性を帯びてくる可能性もあるのでした。

「ほんとうに、いままでのお客さんは新しい和菓子屋に行ったのだろうか？」
「若いひとたち、とくに男子は、なぜおばあちゃんの店に来ないのか？」

では、これらの問いの答えを得るためにはどうしたらいいのでしょうか。それらの答えから、真の課題を解決するにはどうしたらいいのでしょうか。

ここでも、**問いに問いを重ねて、みんなの本心を引き出します**。

ただし今度は、自分の頭のなかだけで考えても答えは出てきません。おばあちゃんが悲しい顔をした理由は、おばあちゃん本人に聞いてみないとわかりませんし、いままでのお客さんが、新しい和菓子屋に行ってしまったのかどうかは、直接彼らに確認してみなければなりません。

だから今度は、課題解決のカギを握っているひとたち（マーケティング用語で〝パネル〟とか〝ターゲット〟と呼びます）を集めて、彼らに対して問いを重ねていくのです。

「それって、アンケート調査とかインタビューといっしょでは？」

と思う人もいるかもしれません。実際、ビジネスの現場では、市場調査や世代調査のために「アンケート調査」や「グループインタビュー」「デプスインタビュー（1対1の、かかわりの深い調査形式）」といった方法が使われています。

近年、流行りの「デザイン思考（Design Thinking）」でも、最初のステップは「観察・共感」と呼ばれるフェーズで、「ものごとをよく観察したり、ひとびとの声によく耳を傾けたりしよう」とすすめます。

「じゃあ、哲学シンキングは、それらと何がちがうの？」

それは、**いっしょに問いを深め、考えることで、本人さえ気づいていなかった（コトバにできなかった）コトバ**を哲学の手法で引き出す点です。

「はじめに」でも言及したソクラテスは、後世のひとたちに「ソクラテス的問答法」と呼ばれる方法によって、ひとびとと対話をくり返し、「真理」を探究しました。それは「産婆術」とも呼ばれ、他者に問いかけていくことで、「あたりまえ」を疑い、より根源的な原理へ迫って

哲学シンキングは
コトバにならない
ホンネを引き出す
「問いの技法」である

いく方法です。

世の中の究極的原理や、ひとの本性を探求する哲学的な方法は、マーケティングリサーチや世代調査、コンセプトメイキングといった、ビジネスシーンにも応用できます。

「ひとびとの消費行動は究極的に何にもとづいているのか？」「よい商品・サービスとは何か？」などの問いを突きつめるとき、必然的にビジネスも「哲学的問題」に向き合うことになるからです。

「急がば回れ」を徹底せよ

たとえば、わたしたちは「彼の言っていることは正しい」「いまの生活が幸せだ」「動物にも心がある」という言葉を日常的に使っています。その真偽はともかくとして、これらの言葉の意味がまったくわからないというひとはいないでしょう。でも、

「正しいってどういうこと？」

「幸せって何？」

Column 02

なぜいま、哲学がビジネスに必須なのか?

哲学とビジネスは、水と油の関係どころか、混ぜると危険とさえ思われてきました。最初の哲学者と言われる古代ギリシャのタレスは、実用性を離れた「観照的態度」をもって哲学を創始しましたし、ソクラテスは、魂をよりよくすることより、お金や地位のことばかり気にしているアテナイのひとびとを非難しました。西洋哲学の起源を学んだひとからすれば、哲学がビジネスと相いれないと感じられるのも無理はありません。

しかし、こんにち、古代ギリシャとは状況が変わっています。企業は、利益だけを求めることが許されなくなりました。「SDGs」(国連サミットで策定された「持続可能な開発目標」)や「ESG」(環境・社会・ガバナンス)などといった指標をもとに、事業が環境や個人情報、従業員の働きやすさを配慮しているかなどが問われ、企業倫理に価値が見いだされるようになっています。

米「グーグル」や米「アップル」では専属の哲学者が雇用されているほどです。ビジネスが「善美なることがら」を追求したり「自由な思弁」を取り入れたりして哲学に歩み寄るようになったのです。

こういった動きに呼応して欧米では次々と、哲学の博士号を持つひとたちが「哲学コンサルティング」の企業や団体を設立しています。また、実社会での哲学の実践を研究報告する国際的な学会も、世界各国で開催されています。

「『ある』ってどういうことか、説明してみて?」

と問われたらどうでしょうか。みなさんだったら、なんと答えますか。

「んー、多くの人が認めることが『正しい』ってことでは?」

←

「じゃあ、少数派の意見はすべて『正しくない』ことになるの?」

「おれにとっては毎日、快適に過ごすのが幸せだ」

←

「苦しい思いをしても、目標に向けて努力するのは幸せじゃないの?」

「『ある』って、ここに存在するってことだよ。目の前に見えているじゃん」

←

「『存在する』って言い換えているだけで、『ある』を説明できていませんよね?

肉眼で見えていないもの、たとえば『心』は、存在していないんでしょうか?」

こんなふうに問い返したら、**「面倒くさいやつ」**決定ですよね。

でも、「哲学的に考える」とは、**妥協することなく、ほかのひとも納得するくらいまで徹底的に問い、考え抜くこと**です。

「正しさとか幸せの答えなんて、ひとそれぞれでしょ？」

こう答えるひとがいたとしても、「答えは十人十色である」という1つの立場を表明しているにすぎません。ちなみに哲学では、こうした「感じ方はひとによってさまざまだ」という立場を**「相対主義」**と呼びます。

でも、そうだとしたら、どうして異なる文化や言語、価値観を持つひと同士のあいだで、意味のある会話が成立し、共通の了解が生まれたりすることがあるのでしょうか。

ほんとうに〝ひとそれぞれ〟だったら、いっしょにおいしいランチを食べても、美しい音楽を聴いても、価値を共有しあえることはないでしょう。

たしかに、絶対的な「正しさ」や「幸せ」なんて存在しないのかもしれません。

ドイツの哲学者ニーチェは「プラトンが説くような普遍的な価値などない」と喝破（かっぱ）しました。

また、現代哲学では「いつでもどこでも変わらない真理」を擁護する哲学者は少なくなっています。

ですが、その一方で、**たがいにゆるやかに共有できる真理を認め、それを探求していこうとする哲学者も多くいます**。

哲学シンキングは、性別や世代、地域などに応じた、ある属性のひとたちの本性を調査したいときや、プロジェクトチームで共有できる目的や意義をつくりたいときに使える方法でもあります。

もちろん、よく言われる「うだうだ考えているよりも、まずは行動したほうが前進できる！」という意見も、ある側面において真実でしょう。

でも、本書の「はじめに」でも触れたように、「なぜ、このプロジェクトを進めるのか？」「なぜ、自分はこの道を選ぶのか？」を顧(かえり)みることなく、やみくもに前進しているだけでは、途中で道に迷ってしまったりするかもしれません。

自分ひとりならまだしも、多様なメンバーでプロジェクトを進めていたら、みんなバラバラのことを考えていて、気づいたらみんなで遭難していた、ということもありえます。

また、問題の根っこの部分まで深掘りをしていないために、場当たり的な処置をしただけ、結局、なんら問題の解決になっていない――という事例は多くの企業で見られます。

わたしたちは、「よい」とか「幸せ」といった、とても大事な言葉を知ったつもりになっているだけで、ほんとうのところは、お互いに理解しあえているわけではありません。しかし、ある1つのビジョン（理念、理想）やコンセプト、あるいは内側から出る願望・祈りを言葉にすることができたら、個人もプロジェクトチームも、前進するスピードは、加速度的に速くなります。

「こんなことを考えてどうなるの？」「タイムロスでは？」「さっさとスタートしようよ」と見切り発車するのではなく、自分（たち）が何をなすべきか／なすべきでないか（To-Do／Not-to-Do）を思考しておくことで、あとあとのムダな工数を減らし、最初のタイムロスを取り返すこともできます。

では、多様な考えを持つひとたちがいるなかで、みんなの本音やインサイト（洞察）を引き出したり、コンセンサスをつくったりするにはどうしたらいいのか。

それは、**「他者の言葉に徹底的に耳を傾ける」**こと。ときには、**「自分自身の内なる声に耳を傾ける」**ことです。

「下手な問い」には「下手な答え」しか返ってこない

とはいえ、他者であれ、自分の内面であれ、耳を傾けるにも、ちょっとしたコツがいります。

「ねぇ、おばあちゃん。どうして、この前、悲しい顔をしたの？」

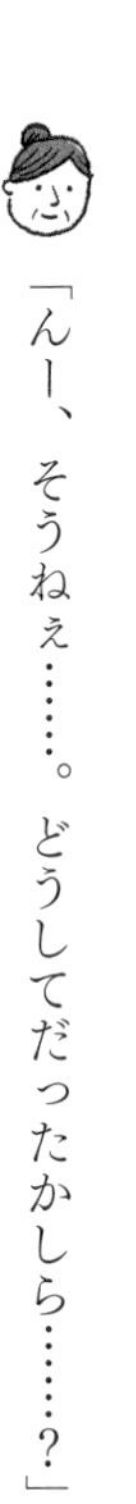

「んー、そうねぇ……。どうしてだったかしら……？」

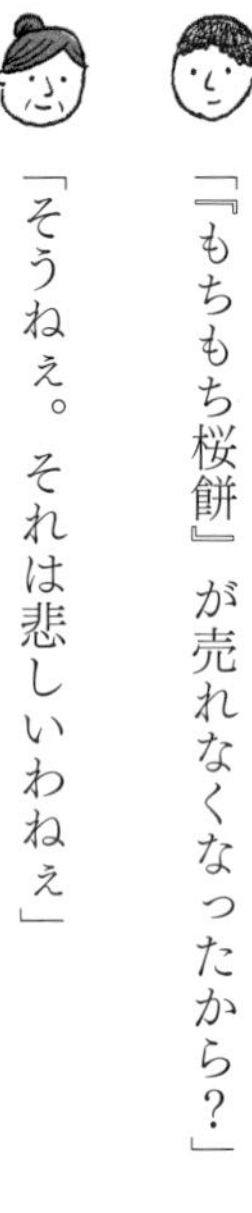

「『もちもち桜餅』が売れなくなったから？」

「そうねぇ。それは悲しいわねぇ」

「いままで来ていたお客さんたちが、お店に来てくれなくなったから？」

「そうねぇ。それも悲しいわねぇ」

「お店をたたまないといけなくなるかもしれないから？」

「そうねぇ。それも悲しいわねぇ」

「あの日、ぼくに『もちもち桜餅』をあげられなかったから？」

「そうねぇ。それも悲しいわねぇ」

「全部、悲しいじゃん！」

こういった問いかけ方は「**下手な問いかけ方**」です。**こちらが思う「確認したいこと＝仮説」を単刀直入に聞けば、本音を聞けるとはかぎりません**。

「んー、そうねぇ……。どうしてだったかしら……？」という言葉は、問いかけられた本人（＝おばあちゃん）も、なぜ自分がそうしたのか自覚していない可能性を示唆（しさ）しています。

そんななか、『もちもち桜餅』が売れなくなったから？」と問いかけたら、ほんとうはそうでなかったとしても、バイアスがかかり、「そうかもしれない」と思わせてしまいます。

これはいわゆる答えを強要する**「誘導尋問」**です。

もし仮に、その1つ目の問いで聞き取りを終えてしまおうものなら最悪です。ほかにも可能性があるかもしれないのに、回答は打ち切り。

一部分だけが切り取られたり、真実がゆがめられたりした〝偽情報〟を得ることになってしまいます。

相手の言葉を「じっくり待つ」

相手の言葉を聴くには、「待つ」ことが大切です。

「んー、そうねぇ……。どうしてだったかしら……？」のうち、「……」という沈黙は、自分の記憶や内面を見つめて、言葉を絞り出そうとしている時間かもしれません。

矢つぎばやに問い詰めるのではなく、相手の言葉を待つことが、よい問いかけ方の1つです。

それでも、なかなか言葉が出てこないことがあるかもしれません。そういうときには助け舟

世の中の99％の調査や面談はたんなる「誘導尋問」だ

を出してあげます。

「なぜ？（WHY？）」は、哲学的思考において、たしかにとても重要な問いかけ方です。

でも、「なぜ？」への答え方には、原因――結果の原因であったり、何のためにという目的であったり、なにかを裏づける根拠であったり、「○○だから」という理由だったり、さまざまな答え方があります。たくさんの選択肢から1つを「これだ！」と探し当てるのは、とても難しいものです。「なぜ？」と問われて、「なぜって言われても……」と答えに窮（きゅう）した経験があるひとも多いのではないでしょうか。

こういう場合は、**「たとえば……」と、参考になる例や視点を出してあげる**ことが有効です。

「たとえば、そのとき、悲しくなるような、どんなことがあった？」

と問えば、自然におばあちゃんの口から、

「そうねえ。最近、お客さんが来なくなってさみしくなったわね。お店をたたまないといけないかもしれないことも悲しいわ」

という言葉が出てくるかもしれません。重要なのは、相手が**自発的に**発する言葉を引き出すことです。

でも、その自発的に発した言葉を過信してもいけません。哲学的思考においては、批判的に疑うという姿勢がきわめて重要です。

「ほんとうにそうなの？　ほかにはない？」と相手に内省をうながし、反省してもらうこともときには必要になるでしょう。もしかしたら別の例や理由が出てくるかもしれません。

むしろ、こういうときは、

「『もちもち桜餅』が売れなくなったことについては、どう？」

と問いかけることも有益です。最初に出てきた回答の確信を揺さぶり、もっと深い理由を発見できるかもしれないからです。

これは、**別の候補や可能性を誘発する目的の問いかけ**です。先ほどの「『もちもち桜餅』が売れなくなったから？」と答えを誘導する問いかけとは似て非なるものです。

「違いを問う」ことで、アウトプットが多面化する

問いは、言葉としては同じでも、どんな〝文脈（コンテキスト）〟に置かれるかによって、その機能や効果はまったく異なってきます。

「はじめに」で、「問い方」を変えることが大事だと書いたのも、このことにかかわっています。**「問い」じたいよりも、その問いをどういう文脈で使うか、どんな視点でどんな使い方をするかのほうが決定的に重要**です。

「問い」よりも、「問い方」を変えることこそが、答えるひとの世界観を拡張するのです。

たとえば、相手の本音を引き出そうと思ったら、「もちもち桜餅以外の商品の売り上げも落ちたの？」とか「もし、もちもち桜餅の売り上げは変わらず、あんこ玉が売れなくなったら？」といった別のパターンも提示してあげると、より効果的になるでしょう。

そもそも、売り上げが落ちたのは、もちもち桜餅だけではないかもしれないですし、別の商品が売れなくなっても同じかもしれないからです。

「あんこ玉が売れなくなっても悲しい？」

「どの商品が売れなくなっても悲しいわよ」

ほかの商品が売れ残っても悲しいのであれば、「もちもち桜餅」が売れ残って悲しいことは、特別なことではなくなってしまいます。

課題の本質を突きとめるべく76ページで述べた、「境界線を明確にする」「差異を明確にする」というポイントと同様、差異があるからこそ、もちもち桜餅はもちもち桜餅であり、あんこ玉はあんこ玉だからです。

このパターンの問いかけ方は、**「もし○○なら？」「逆の立場（別の観点）から考えてみたら？」と、仮想的な状況を想定して差異を浮き彫りにしたり、「○○との違いは？」と、2つ以上のものの差異を浮き彫りにしたりしていく手法**です。

極端な「もしも」で、本心をあぶり出す

この問いかけ方には、別の使い方もあります。

それは「極端な状況に身を置いてみてもらう」というものです。

「もし、**宝くじの1等**が当たったら、お店を続ける？」

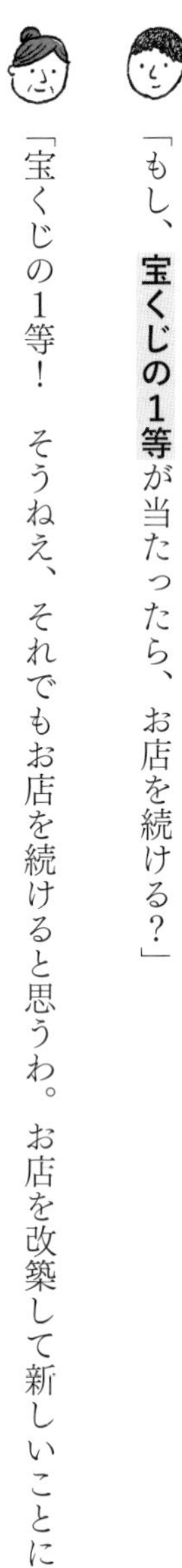

「宝くじの1等！　そうねえ、それでもお店を続けると思うわ。お店を改築して新しいことに挑戦してみるのもいいわね」

「もし、若い人が集まる**原宿で**和菓子屋を出せるとしたら、出してみたい？」

「それはあまりしたくないわね。若いひととは、もっと話してみたいけど、この町のお客さんや勘ちゃんが来てくれるのがうれしいのよ」

「もし、**若返っても**、もう一度和菓子屋を始める？」

「最近は、年をとって重いものを持つのも大変になったけど、若返っても和菓子づくりをしたいわ」

1つ目の問いかけは、生活に困らないお金があったらお店を続けるか、お金を稼ぐことがお店の目的かをはっきりさせる問いかけです。

現実には起こりえない状況を仮想させることで、かえって、今の状況の問題や論点を浮き彫りにすることができます。これを**「思考実験」**といいます。

おばあちゃんの回答を聞くと、どうやら、生活費の捻出(ねんしゅつ)だけが、お店の目的ではないようです。でも、改装してみたいという言葉も飛びだして、売り上げアップを目指しているかどうかはわかりませんが、お店の発展には意欲的のようです。

さらに2つ目の問いかけによって、この町のお客さんや勘太くんへの愛着や、「若いひととももっと話したい」という意外な思いがわかりました。お客さんや勘太くんと話すのも、おばあちゃんの楽しみのようです。むしろ地元を離れてまで、お店を大きく展開することにはあまり興味がないことが見えてきます。

3つ目の問いかけは、お店を続けたいのかを確認していますが、「若返っても」という仮想的な条件を加えることで、高齢であることなど、年齢の影響を際立たせています。

やはりおばあちゃんは和菓子屋を続けたいようですが、年齢を気にしはじめているようです。

このように、さまざまな角度や方法で問いかけることで、相手の深層意識にある思いを引き出すことができます。

もちろん、ここであげた例が、唯一の方法ではありません。問いかけ方のパターンも多種多様です。自分にはこんなに問いが浮かばない、という人もいるかもしれませんね。

そんな方のために、130~137ページに問いかけ方のおもなパターンやレパートリー、問いから新しい気づきが生まれるしくみを列挙してみましたので、ぜひともリストを参考にして、同僚や営業先のお客さん、友人や恋人、家族などを相手に実践してみてください。

「もしも○○だったら」という問いは相手の本心をハダカにする

具体例や反例を問う問い方

「たとえば？　具体例をあげると？」

「すべてに言えるだろうか？　例外や反例はない？」

違いや共通点を問う問い方

「○○と△△の違いは？」

「○○と△△に共通していることは何だろう？」

論証の正しさを問う問い方

「その推論には飛躍がないか？」

「さっき言っていた○○と矛盾していない？」

問い方の基本パターン

理由や根拠を問う問い方

「なぜ、〇〇と言えるのか？」

「ほんとうに〇〇なのだろうか？」

本質や前提を問う問い方

「そもそも〇〇って何？」

「〇〇が成り立つ前提や条件は？」

別の視点や可能性を問う問い方

「もし〇〇だったらどうなる？」

「ほかにどういう可能性があるか？」

・「いつ、○○するのか？」
・「○○は、どんなときか？」
・「○○は、どこか？」
➡（例）「時」「タイミング」「場所」をめぐる問い

・「○○は、どれくらいか？」
➡（例）「程度」「頻度」をめぐる問い

・「誰が○○するのか？」
・「○○は、何に対してか？」
・「○○には、どんな種類があるか？」
➡（例）「主体」「対象」「種類」をめぐる問い

・「何によって、○○か？」
・「どのように○○は△△になるのか？」
➡（例）「手段」「過程」をめぐる問い

分類しがたい奇抜な問い

・「無人島（宇宙）でも○○は成立するか？」
・「赤ちゃん／動物にも○○はあるか？」
・「○○を音（色、感情）で表現すると何か？」

郵便はがき

料金受取人払郵便

銀座局承認

9422

差出有効期間
2021年1月3日
まで
※切手を貼らずに
お出しください

104-8790

627

東京都中央区銀座3-13-10
マガジンハウス
書籍編集部
愛読者係 行

ご住所	〒		
フリガナ		性別	男 ・ 女
お名前		年齢	歳
ご職業	1. 会社員(職種　　　　) 2. 自営業(職種　　　　) 3. 公務員(職種　　　　) 4. 学生(中　高　高専　大学　専門) 5. 主婦 6. その他(　　　　)		
電話		Eメールアドレス	

この度はご購読ありがとうございます。今後の出版物の参考とさせていただきますので、裏面のアンケートにお答えください。**抽選で毎月10名様に図書カード(1000円分)をお送りします。**当選の発表は発送をもって代えさせていただきます。

ご記入いただいたご住所、お名前、Eメールアドレスなどは書籍企画の参考、企画用アンケートの依頼、および商品情報の案内の目的にのみ使用するものとします。また、本書へのご感想に関しては、広告などに文面を掲載させていただく場合がございます。

❶お買い求めいただいた本のタイトル。

❷本書をお読みになった感想、よかったところを教えてください。

❸本書をお買い求めいただいた理由は何ですか?

●書店で見つけて　●知り合いから聞いて　●インターネットで見て
●新聞、雑誌広告を見て(新聞、雑誌名＝　　　　　　　　　　　)
●その他(　　　　　　　　　　　　　　　　　　　　　　　　　)

❹こんな本があったら絶対買うという本はどんなものでしょう?

❺最近読んでよかった本のタイトルを教えてください。

ご協力ありがとうございました。

問いのグルーピングのヒント

出てきた問いはどのように
グループ化できるだろうか？

・「〇〇なのは、なぜなのか？」
・「ほんとうに〇〇は△△なのか？」
➡（例）「理由」「根拠」をめぐる問い

・「〇〇とは何か？」
・「〇〇って、どういう意味か？」
・「〇〇と△△の違いは何か？」
・「〇〇を英語（日本語）にすると何か？」
・「〇〇の反対語は何か？」
➡（例）「定義」「意味」をめぐる問い

・「〇〇はよい／悪いことなのか？」
・「〇〇のメリット／デメリットは何か？」
・「〇〇は何によって評価されるのか？」
➡（例）「価値」「基準」をめぐる問い

・「〇〇が△△になる条件は何か？」
・「〇〇は△△なしに成立するのか？」
・「〇〇に△△は必要なのか？」
➡（例）「条件」「必要性」をめぐる問い

問いのグループ❷
素朴な問い
「たとえば?」
「○○の場合は、
どうなの?」
あっ…
「そもそもあの前提は
正しかったの？」
前提の見直し
別の視点からの意見が
合理的な議論を
よい意味でくつがえす
★斬新なアイデアや深いインサイト

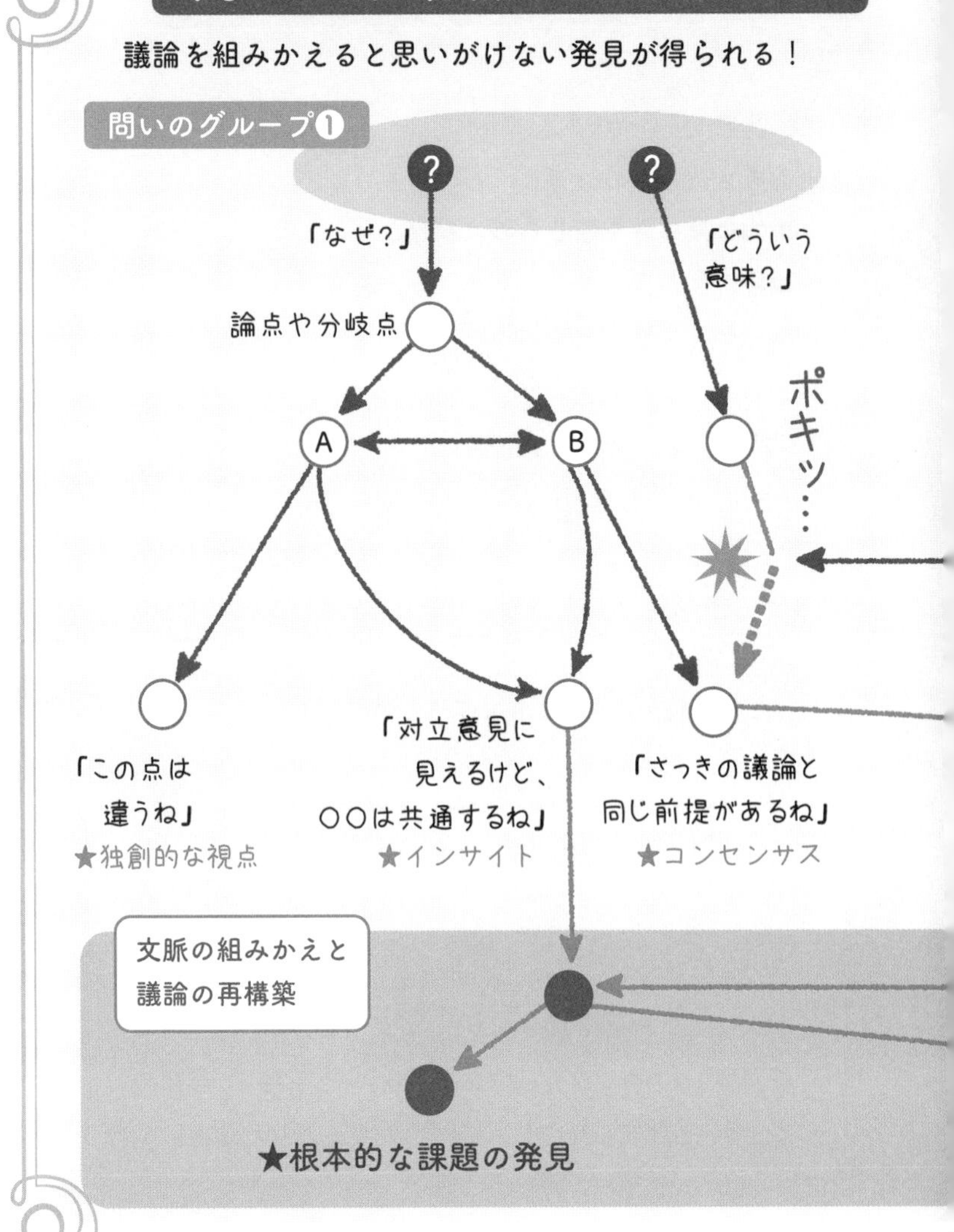
問いから革新を生む原理図
議論を組みかえると思いがけない発見が得られる！
問いのグループ❶
「なぜ？」
「どういう意味？」
論点や分岐点
A
B
ポキッ…
「この点は違うね」
★独創的な視点
「対立意見に見えるけど、〇〇は共通するね」
★インサイト
「さっきの議論と同じ前提があるね」
★コンセンサス
文脈の組みかえと議論の再構築
★根本的な課題の発見

Ⓓ 前提をくつがえす問い

「完成されたものは美しいとされるのに、
廃墟に美しさを感じるのはなぜか？」
➡議論が深まることで出てきたらGOOD！
煙に巻くだけならNG！

Ⓔ 創造的（generative）／思弁的（speculative）な問い

「ただ生きるのではなく、よく生きるとはどういうことか？」

「科学技術の進歩で女性だけで子どもを産めるようになったらどうなるか？」

➡新しい議論を巻き起こす可能性を持つ問い

よい問いか／悪い問いかは

「対話をどれだけ活発にするか」

「それは、現実に（pragmatic）どんな違いをもたらすか」

「どのように視野を広げてくれるのか」などにも依存するが、哲学シンキングは、Ⓒ～Ⓔの問いを目指す。当初の想定さえも超越した「新しい世界」が見えたら大成功！

問いのタイプと評価

Ⓐ 答えのある問い

「昨日正午の銀座の天気は？」→「雨でした」→終了

「猫は好きですか？」→「はい、好きです」→終了

➡「もし猫になったら何をしたいですか？」など、
視点を変えると活発な対話に発展しやすくなる

Ⓑ 答えを前提していたり、誘導したりする問い

「なぜ、男性は年をとると、仏像に興味を抱くのか？」
（年配の男性は仏像に興味があると前提している）

➡「なぜ、仏像への興味は性別・年齢で異なるのか？」に
転換するとバイアスが取り除かれる

Ⓒ 答えがありそうで、じつはないかもしれない哲学的な問い

「晴れた日の昼間の空は、何色なのか？」

➡子どものころから空が紫色に見えている人は、
それを「青色」と習ってきた。
「青だね」と理解しあえているようで、
見えている色は違うかもしれない

「仮説思考」と「シナリオ思考」のワナ

さて、ここまでくれば、最初はぼやけていた課題が、どんどん明確に課題設定されてきます。

① おばあちゃんは、もちもち桜餅だけの売り上げアップを目指しているわけではない
② 町のお客さんや勘太くんに来てほしいし、もっと若いひととも話したい
③ お店は続けたいが、重いものを持つのが大変になっている
④ お店を改築して新しいことに挑戦してもよいということは、それほど、いまの形の和菓子屋にこだわりがあるわけではない

以上のようなおばあちゃんの回答を整理してみると、同時に、何が解決すべき真の課題なのかはっきりしてきます。

A　おばあちゃんのお店がつぶれないようにすることは、解決すべき課題の1つです。

また、

B　お客さんがお店に戻ってくるようにするのも、解決すべき課題の1つです。

しかし、

C　必ずしも、もちもち桜餅の売り上げアップが望まれるわけでもなければ、現行の形のお店を残す必要もないようです。

AとBを解決できるのであれば、たとえば、いまと違う形の商品やサービスを販売してもよいかもしれません。

問いに問いを重ねていくだけでは、課題解決につながらないのではないかと思うひとも多いのではないかと思いますが、問いに問いを重ね、議論を突き詰めていくと、課題解決の糸口が見えてきます。

問いを重ねることで可能性が広がる一方で、1つの生きもののように有機的に議論が構成されると、議論はくみつくされ、収束していくからです。

議論を深め、課題を明確に設定することは、自分たちが何をしたいのか（および、何をしたくないのか）を明確にすることでもあり、とても大事なことです。

もし勘太くんが自分の思い込みで、「おばあちゃんは、売り上げアップさせたいはずだ！」

と暴走していたら、その課題解決が、逆におばあちゃんを悲しませる結果を生み出していたかもしれません。


じつはこうした問題は、日本のいたるところで起きています。

売り上げはうなぎ上りにアップしたけれども、忙しくなりすぎて従業員は不満を抱いている。とても残念なことに、お客さんに対して「残業が増えるから、もうこれ以上来ないでほしい」とか「さっさと帰ってほしい」と本音では思っている。

ぼくの会社では、そんな状況の企業から相談を受けたことがあります。


今回の場合、勘太くん自身が何を解決したいのか（解決すべきなのか）が明確になると同時に、おばあちゃんが何を解決したいのか（解決すべきなのか）が見えてきました。

課題設定は、自分たちが何をしたいか（すべきか）というビジョン構築やコンセプトメイキング、組織の結束を強めるチームビルディングにも役に立ちます。

マーケットを調査するのも大事でしょうが、当事者がどうしたいかを明確にするのも、それにおとらず大切なことになりつつあります。

とはいえ、ここまではおばあちゃん側の課題設定のお話。課題を解決するにはどうしたらいいのでしょうか。次に、残されていた2つの課題を解決する必要があります。

◎話し相手でもあった町のお客さんに来店してもらうには、どうしたらいいのか？
◎売り上げアップ、もしくはそれ以外の方法で、お店を存続させるにはどうしたらいいのか？

これらの課題を解決するのに、今度はいままでのお客さんや、これまで来店しなかったひとの声を聴いてみる必要があります。前の章ではこんな「問い」を立てました。

「ほんとうに、いままでのお客さんは新しい和菓子屋に行ったのだろうか？」
「若いひとたち、とくに男子は、なぜ来店しないのか？」

でも、いままで来店していたのに最近来なくなったお客さんに、「どうしておばあちゃんの和菓子屋に来なくなったの？」なんて聞きづらいですよね。

たずねられたほうも気をつかって、「いやあ、最近忙しくて……。また今度行くよ」とウソの返答をするかもしれません。

したがって、哲学シンキングを使ってマーケティングリサーチをするときにも、多くの場合、プロジェクトの目的や企業名を隠して、パネルとなるひとに集まってもらいます。

また、いままで来店したことのないひとに、「なんでおばあちゃんの和菓子屋に来ないの？」と聞いても、本人はそもそもそんなこと考えたことすらないかもしれませんよね。「理由なんてない」ということは、おおいにありうることです。

ということから、**哲学シンキングは、あらかじめ用意した問いの答えを、一問一答式で確認することはしません。**

「Pを確認するために、Qの質問を用意しよう」「Xの質問をしたら、Yという答えか、Zという答えが返ってくるかもしれない。そうしたら、Wを確認しよう」といった、**決まったシナリオ（＝仮説）をつくらない**ようにします。

むしろ、パネルとなるひとたちと「ひとびとが、（おばあちゃんの）和菓子屋に来る／来ないのはなぜか？」という一般的な命題について、いっしょに問い、考えるのです。

このとき、お客さんは「ひとびとが、おばあちゃんの和菓子屋に来なくなったことの理由」について深い理解を持っている「有識者」や「専門家」のような位置づけですが、かならずしも本人も問いの答えを知っていたり、うまく言葉にできたりするとはかぎりません。

でもそれでOK。わからないからこそいっしょに問いを深め、考えられるのです。

さて、勘太くんのお母さんが声をかけたみんなが集まってきました。

「すごいひらめき」を生むしくみ

「今日はおばあちゃんの和菓子屋のこれからについて、みんなといっしょに考えてみたくて集まってもらいました。

でも、意見や答えを出してもらうんじゃなく、まずみんなに『**和菓子屋**』というテーマについて、どんなことでも『**問い**』を考えてほしいんです。

パッと思い浮かんだことを疑問形にしてみてください。どんな『問い』が思い浮かぶ？

日常的に疑問に思う**ささいな問い**でも、**突拍子もない問い**でもいいよ」

一同「う〜ん………」

Column 03

「複数人の場」を設計する

哲学シンキングにおいて、「場の設計」は、とても重要です。

会場は、自由で創造的な対話ができるように、リラックスして話せる空間を選びましょう。堅苦しい会議室よりカフェや談話室の方がベター。左ページのとおり、輪になって対話するので、椅子や机を動かせる場所にしましょう。机があると、壁を感じるというひともいるので、ないほうが望ましいです。

参加者も、よく設計して選びます。人数は 8 ～ 10 人が最適。それ以下だと発言数が少なくなり、それ以上だと議論が発散しやすく、進行が難しくなります。慣れるまでは、4 ～ 6 人で練習してください。できるだけ最初にアイスブレークを入れて、緊張をほぐすようにしましょう。

課題解決に資するメンバー（専門知識を有するメンバーや、調査対象者など）が必要なのはもちろんですが、プロジェクトの目的に直接的には関係ない参加者も入れるようにします。同じ部署や類似した属性のひとだけで対話しても、新しい視点は出にくいからです。異分野のひとや、世代・所属の異なるひとに入ってもらうのがよいでしょう。

また、マーケティングリサーチなどの場合は、ワークショップの目的や主催企業を隠すようにします。参加者は、目的や主催企業を意識して、批判的な発言を控えるようになるからです。

まったくバイアスをなくすことはできませんが、ワークショップが最大効果を生み出すような場を設計しましょう。

はじめは小さなグループで。
となりの人との距離を空けすぎないように

「わたしはスイーツ全般が好きだけど、無性に和菓子が食べたくなるときがあるんだよね。和菓子はどんなときに食べたくなるのか？　って考えることがあるよ」

「なるほどぉー。『和菓子はどんなときに食べたくなるのか？』だね。ほかには？」

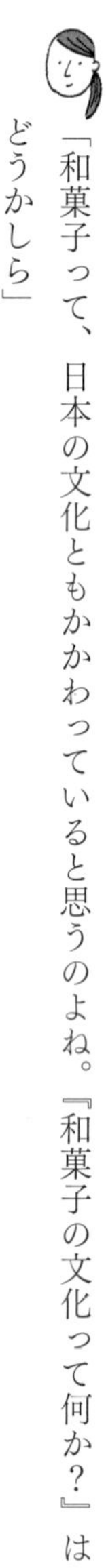

「和菓子って、日本の文化ともかかわっていると思うのよね。『和菓子の文化って何か？』はどうかしら」

「ぼくもそれに関連して、なんか、和菓子屋って古風に感じるんスよね。和菓子屋って、古いイメージなんじゃない？」

「いまのって、金ちゃんの意見とか答えだよね。それを問いのかたちにするとどうなるかな？」

「問いかあ……。なんだろう。『和菓子は、現代に合ったお菓子なのか？』とか？」

「あー、おもしろい問いだねぇ。おばあちゃんは、どう?」

「そうねえ。お店をやっていると、『お客さんが喜ぶ和菓子屋ってどんなお店なのか?』って、いつも疑問に思うわねえ」

哲学シンキングを、会議やワークショップで実践する場合は、こんなふうに「答え」ではなく、「問い」をあげてもらうことからスタートします。

会議やワークショップで、「○○について、なんでもいいから、アイデアを出してください」と言われて、嫌〜な沈黙が続くことってありませんか。

そういうとき、みんなの頭のなかは、こんなふうになっています。

(このアイデアは、すでに出てるしなあ。なにか斬新なアイデアを出さなきゃ)
(ぼくの考えは、ありふれてるな。つまらないやつって思われたら、嫌だな)
(誰かがいいアイデアを出してくれるはず。恥ずかしいから、黙っておこう)

いきなり「アイデア＝解決策を出せ」と言われると、誰しもひるんでしまうもの。

でも、**「問いからスタートする」のであればグッとハードルが下がります。**

また、**ここでのテーマが「和菓子屋にひとを呼ぶにはどうすればいいか？」という、あらかじめ答えを前提しているかたちではなく、単に「和菓子屋」という「漠然としたテーマ」**であることに注目してください。

答えや視点を誘導しない価値中立的なテーマ設定のほうが、バイアスがかかりにくく、よりひらめきが生まれやすくなるからです。

最初は、考えるために沈黙の時間が流れることもありますが、どんな問いでも歓迎されるので、発言のあと気まずくなることはありません。

進行するひと（ファシリテーター）が、「あー、なるほどぉ！」と熱心に相づちを打ったり、「突拍子もない問いでもかまいません」と言ったりすると、みんなはさらに発言しやすくなりますよ。さらに、問いをシンプルに復唱してあげると、みんながフォローできて効果的です。

ところで、会議やワークショップをしていると、持論をずっと話し続けるひとや、知識をひけらかすひとがいて、議論が進まないときがありませんか？

そういうひとには「いま、おっしゃったのは意見や答えですよね。問いのかたちに変えたら

問いのカタチ＝発言のハードルが下がる

＝知識量でゴリ押しできなくなる

＝上下関係をリセット

＝発想力を高める

中立的テーマ設定＝ひらめきのスケール増大

どうなりますか？」と言うと、たいていとまどって、慎重に話すように変わります。自分の考えが正しいと信じているひとは、自己批判的に〝問う〟習慣を持たないからです。

「答えではなく、問いをあげる」という制約をかけると、上下関係や思考のバイアスをリセットし、理性的かつ創造的に思考する場をつくりだすことができます。

からまった思考の整理

さて、次は「問いを整理する」です。

「いま、問いが4つ出たけれど、なにか似ている問いってなかったかな？　それって、大きく分類すると何についての問いかな？」

「そうね……。わたしの問いと、金ちゃんの問いって似ている部分があるかもしれない。『和菓子の文化や時代の感覚』についての問いかしら」

「仁さんとおばあちゃんの問いは『和菓子を食べる理由や意味』についてじゃないスか」

「なるほどぉ。4つの問いをだいたい2つのグループに分けることができたね」

1章でも見たように、問いをあげるだけでは、頭がぐちゃぐちゃになってしまいます。とくに、参加メンバーからたくさん問いが集まると、何について考えていけばいいのか再整理する必要があります。

ここで似たような問いや、テーマがかぶるものについてざっくりグループ分けしてしまいましょう。グループ化して、何をめぐる問いかまとめてみることで、思考が整理されると同時に、複数の視点からもともとのテーマを考えることができるようになります。

この勘太くんの例では、2つのグループに整理していますが、実際の現場では、**3つくらいが理想的。せいぜい多くても5つくらい**に分けておきましょう。

グループ1　和菓子の文化や時代の感覚を問う問い
グループ2　和菓子を食べる理由や意味を問う問い
……その他

"20分対話"にチャレンジ

2つのグループのうち、どちらから考えていくのがよいでしょうか。**どちらが正解ということはありませんが、最終的に知りたい課題から少し遠いほうから考えてみましょう。**

1つのグループごとに、20〜25分くらいが適当です。会議の進行役さんはタイムキーパーも重要な仕事です。

問いを集めるのに5分、整理するのに5分、1つ目のグループの問いについて対話するのに20分、2つ目に20分、最後の振り返りに10分……という時間配分なら、60分で終えることができます。もっと長く、90分、120分取れるなら、対話の時間を延ばしたり、あつかう問いの数を増やしたりできるでしょう。

「まずは、和菓子の『文化や時代の感覚』をめぐる問いについて、みんなで対話してみましょう。

『和菓子の文化って何か？』『和菓子は、現代に合ったお菓子なのか？』っていう問いについて、意見でも、さらなる疑問でもいいから出してみてほしいなあ」

「わたしは、和菓子ってかならずしも古風なお菓子とは思っていないですね。最近では、キャラクターをモチーフにした和菓子とか、現代的なアート作品のような和菓子もありますよ」

「そもそも〝古風〟って何なのか、わたしは気になったわ。金ちゃんは、どうして和菓子に古いイメージがあると思うの？」

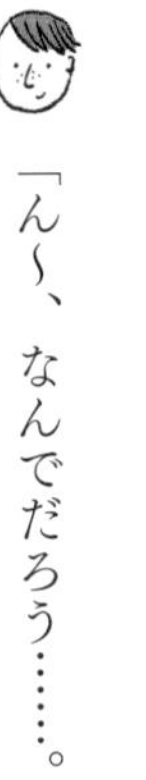
「ん〜、なんでだろう……。日本に昔からあるからスかね。仁さんの話を聞いて、新しい和菓子もあるなとも思ったけど、現代的なアート作品のような和菓子であっても、やっぱり〝古風〟というイメージがあるな〜」

「そうすると、現代的で古風な和菓子もあるということね。その気持ちは少しわかる。わたしもいまの和菓子の文化って、昔と現代のハイブリッドな文化に感じているところがあるから」

「いろいろな意見が出たね。いったんみんなの意見を整理すると、最初、金ちゃんと仁さんの

意見は対立しているように見えたけど、３人とも最近の和菓子は、かならずしも古風なだけではないと考えているということだね。
とくにお母さんと金ちゃんは、現代っぽさと古風さが同居しているみたいだって感じているみたい。仁さんは、どうですか？」

「たしかに、現代性と古風とが両立することもあるかもね。けど、古風とか文化ってことも、いまの自分たちの生活のなかでこそ評価されていると思うんだ。和菓子も、つねに新しく変わっているものなんじゃないかな？」

「新しいスーパーに和菓子屋さんができたけど、仁さんとしては、どう感じるの？」

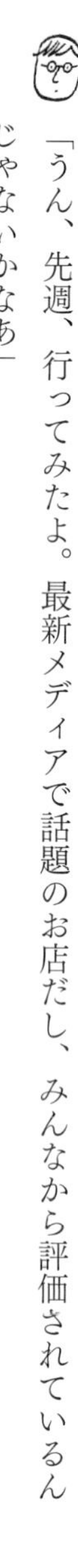

「うん、先週、行ってみたよ。最新メディアで話題のお店だし、みんなから評価されているんじゃないかなあ」

「話題になっていることは、いまの自分たちの生活で評価されているってこととほんとうに同じことなのかしら？」

「ん〜、そうかあ。古風とか文化ってのは、それとは別の評価軸なのかもしれない。話題性よりもむしろ、ほかにはない独自性があるものや一点物のほうが価値は高い気がしてきたよ」

本音を引き出す技術

読者のみなさんはお気づきのことと思います。

先の章で1人で哲学シンキングしたときのように、勘太くんは対話の内容を整理して、「共通点」や「相違点」を指摘したり、もっと深掘りするように問いかけたりしています。

哲学シンキングは、1人でやる場合も複数人でやる場合も、基本は同じですが、ただ意見を言いあうだけでは哲学的な「議論」にならず、たんなる「会話」になってしまいます。

1人で考えるときと同様、進行役が哲レコをとりながらみんなの対話の交通整理をすることで、議論はどんどん深まっていきます。そのなかで、いろんな気づき（インサイト）や観点も生まれます。

「いままでのお客さんは、なぜ新しい和菓子屋のほうに行ってしまったのか？」
「ほんとうにいままでのお客さんは、新しい和菓子屋に行ったのだろうか？」

という問いも、対話の流れのなかで自然に話題になればいいのですが、**なかなか出てこない場合は、関連する話題のときに聞いてみましょう**。

議論の冒頭にいきなり聞くと、先ほど説明した誘導尋問になるのでやめたほうがベター。

この場では仁さんが、**新しい和菓子屋に行ったかどうかの事実確認だけが目的ではない**からです。

要は「なぜ、新しい和菓子屋に行ったのか？」に対する理由を探らなければいけないのですが、その際、**問いが置かれる「文脈（コンテキスト）」が大切**です。

「なぜ行ったのか？」の答えは、文脈によって変わってくるからです。

「新しいスーパーに和菓子屋さんができたけど、どう感じるの？」という問いかけは、一見すると、露骨でアイマイです。

しかし、仁さんが言った「古風とか文化ってことも、いまの自分たちの生活のなかでこそ評価される」という文脈のなかで問われるとき、

「じゃあ、いまのあなたの生活のなかで、どう評価しますか？」
という問いを含むことになるのです。

そう、**問いには「背景（周縁）」がある**のです。

もし、唐突に「なんで最近、お店に来ないんですか？」と聞かれて、
「いやあ、最近忙しくて……。また今度行くよ」という答えが返ってくるときには、
「（また来てくださいよ～）」という背景（＝下心）を読み取っているからでしょう。

ここでは、「古風とか文化」という文脈のなかで問われることで、**それらとは異なる「話題性」という評価軸とのコントラストが明確になったり、「古風とか文化」の、ほかにはない「独自性や一点物」という新しい評価軸が見つかったり**しました。

もちろん実際の対話では、ここまでうまくいかないこともありますが、進行役が論点を明確にしたり、メインになっている話とは別の方向に話を振ってみたりすることで、深いインサイトや斬新な視点が出る可能性は、グンッと高くなります。

本当に聞きたいことは

× 最初にズバッと聞く ⬅

○ 話の流れで、自然にはさみ込む

参加者だけでは、たんなる「会話」になってしまうところ、哲学的な「議論」が構成されるように、進行役ができるかぎりサポートするのです。

「視点」を一気に方向転換させる

さて、1つ目のグループの議論が、ある程度、体系化されてきたら、別の視点に移ってみましょう。みんなの意見や問いが出つくして、**言葉数が少なくなってきたり、話が脱線しがちになってきたりしたら、問いのグループの変えどき**です。

そうでないとしても、25分、長くても30分で切り替えるようにしましょう。**1つの視点だけで考えていても、革新的なアイデアは生まれにくいから**です。

「和菓子には、現代っぽさと古風さの両面があって、とくに古風や文化には、独自性や一点物といった評価軸があるんじゃないかって意見が出てきました。

じゃあ、『和菓子を食べる理由や意味』にかかわる『和菓子はどんなときに食べたくなるのか?』とか『お客さんが喜ぶ和菓子屋ってどんなお店なのか?』という問いについてはどうで

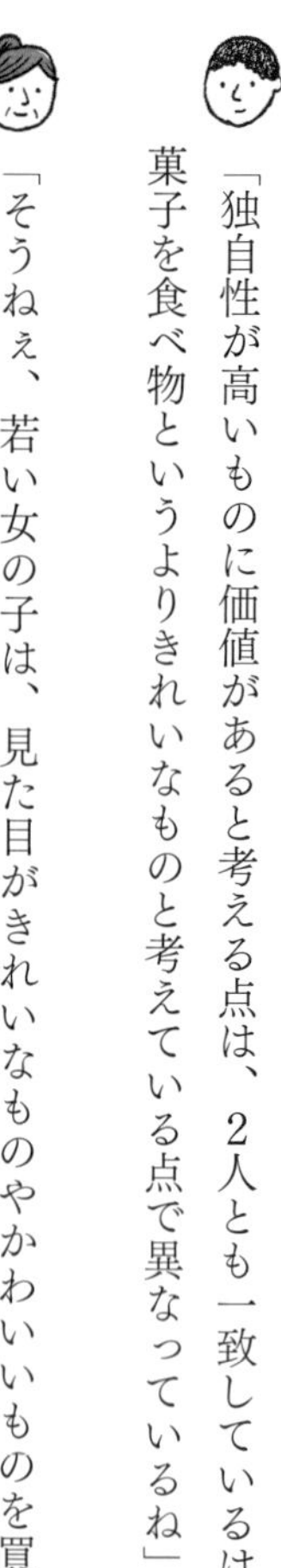

すか？」

「こんなふうに〝和菓子〟について考えることなかったし、そもそも〝食べたくなることがなかった〟な……」

「えっ！　食べたくなることがなかったの!?　なんで？」

「和菓子は、食べ物というよりきれいな見た目のイメージが強いんスよね。でも、自分だけの一点物のほうが価値があるってのは同感です！」

「独自性が高いものに価値があると考える点は、2人とも一致しているけど、金ちゃんは、和菓子を食べ物というよりきれいなものと考えている点で異なっているね」

「そうねぇ、若い女の子は、見た目がきれいなものやかわいいものを買っていく子が多いわねぇ。若い子と和菓子について話すのは、とっても楽しいわ」

「さっき、話題になっているほうがいいって話があったけど、見た目とか、一点物とか、別の基準が買う理由になることもあるんだね。ほかにも何かあるかなあ？」

「それ以外にも、価値があると感じるものってあるんじゃないかな。たとえば、季節限定品とか、そのときそこでしか買えないってなると、とたんに価値が上がる気がする……」

構想する「メモ魔」になれ

勘太くんは、いったんいままでの議論の要点を整理していますね。これは、みんなの話を整理するうえでも、自分自身の頭を整理する上でも大切な作業です。

要点を指摘していくことで、「自分は議論についていけていないんじゃないかな？」と不安に思っているメンバーもおさらいができ、このあと安心して発言できるようになります。

次のグループの問いに移るときも、もう一度、何をめぐる問いか、どんな問いがあったかを振りかえります。そのために、話の流れをメモしておく――つまり「哲レコ」をとっておく必要があるのです。

後半の対話の最中も同じです。仁さんと金ちゃんの意見の一致／不一致を示したり、先の議論で出た〝話題性の話〟を思い出させたりするために、ポイントとなることのメモ（哲レコ）は不可欠です（164〜165ページに、この2章での議論の哲レコをご紹介しておきました）。

普段の会議や、営業先での打ち合わせでも、ただ、ぼーっと聞くのではなく、重要なキーワードをメモしたり、不明確な部分や論点をメモしたりして、哲レコで話を整理していきましょう。

著者のぼく自身も、ワークショップではもちろんのこと、会議や打ち合わせでもメモ魔になります。「話を聞く」だけでなく、**メモをとりながら「議論を構想する」**のです。

そのうえで、もっと詳しく聞いておきたいところを質問したり、アピールしておきたいことを、論点を整理しながら伝えます。

ちなみに、**これは「構想術」という会話のテクニック。**

「**Aのお話とBのお話がありましたが、Cの部分が対立してしまいますね。**Cについてはどうお考えになりますか？」

「**先ほど、XとYとおっしゃっていましたが、そうだとすると、Zという結論につながりますね。**では、Wを実施してみるのがよいのではないでしょうか?」

なんの脈絡もなく自分の質問や主張をぶつけたりすると、「それはあなたの言いたいことでしょ」と一蹴(いっしゅう)されてしまいますが、**こんなふうに相手との対話の内容をもう一度まとめ、言い換えて伝えるだけで、言葉の説得力(パワー)は、格段に高くなります。**

自分の言葉に説得力を持たせるには、じつは、まず相手の話が首尾一貫するように整理することが大切です。

相手の話があいまいだと、占いなどの疑似科学がそうであるように、いくらでも言い逃れができてしまうからです。

思いつきで問いや意見を発するのではなく、議論を構想していく(論理的な筋道を立てていく)ことが、哲学シンキングの肝なのです。

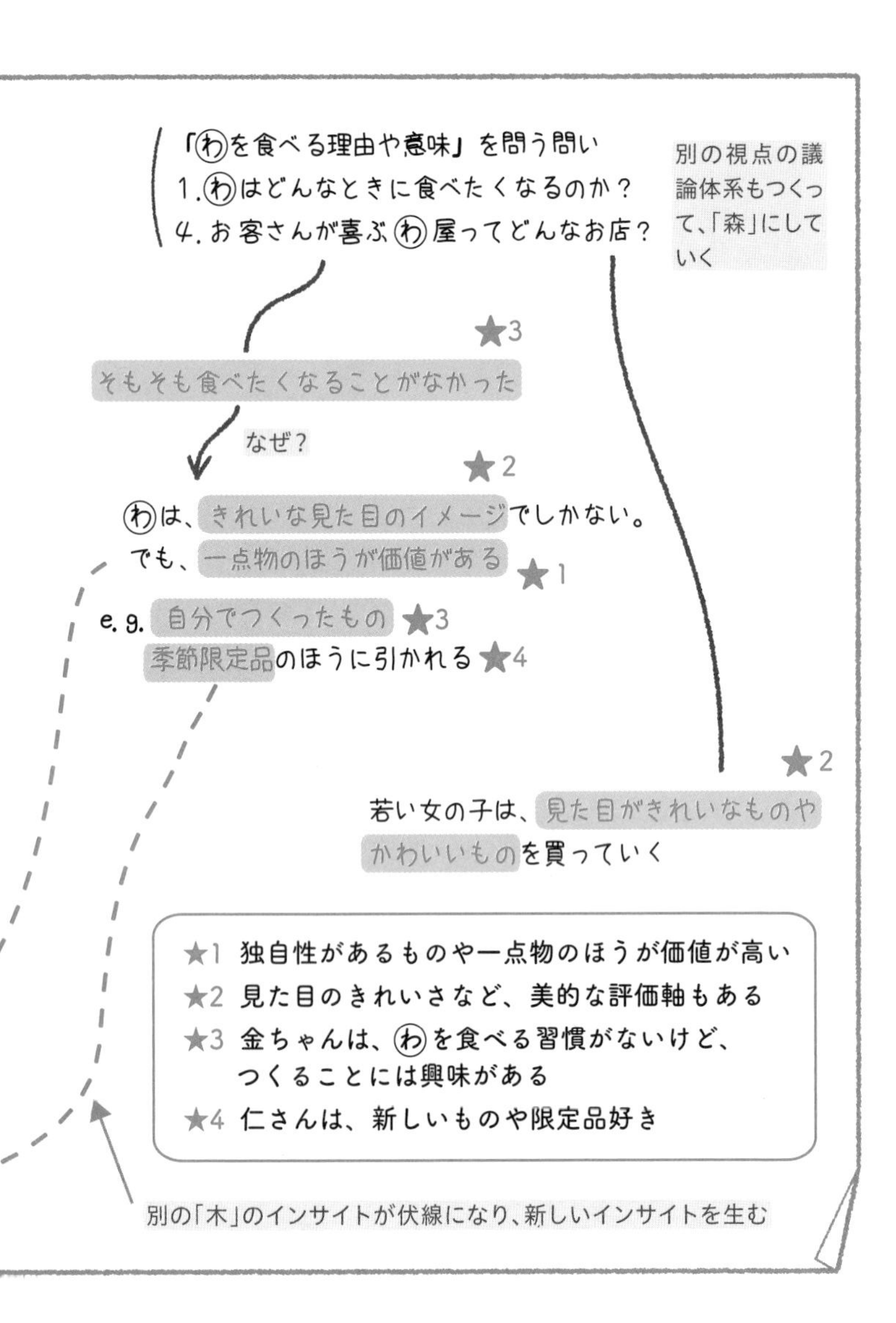
「わを食べる理由や意味」を問う問い
1.わはどんなときに食べたくなるのか？
4.お客さんが喜ぶわ屋ってどんなお店？
別の視点の議論体系もつくって、「森」にしていく
★3
そもそも食べたくなることがなかった
なぜ？
★2
わは、きれいな見た目のイメージでしかない。
でも、一点物のほうが価値がある
★1
e.g. 自分でつくったもの ★3
季節限定品のほうに引かれる ★4
★2
若い女の子は、見た目がきれいなものやかわいいものを買っていく
★1 独自性があるものや一点物のほうが価値が高い
★2 見た目のきれいさなど、美的な評価軸もある
★3 金ちゃんは、わを食べる習慣がないけど、つくることには興味がある
★4 仁さんは、新しいものや限定品好き
別の「木」のインサイトが伏線になり、新しいインサイトを生む

「哲レコ」を書いてみよう（別の視点で）

テーマ 「和菓子屋」

「和菓子」を㋻と略記
速記のために、よく使うワードや、
画数の多い漢字は略号にする

「㋻の文化や時代の感覚」を問う問い
2.㋻の文化って何か？
3.㋻は、現代に合ったお菓子なのか？

㋻屋は古風なイメージ ⟷ ㋻は古風ではない

e.g. キャラクターをモチーフにした㋻や、
現代のアート作品のような㋻もある

なぜ？

昔からあるから。
だけど、現代的なものもあると思った

対立意見が統合
されることもある

現代的で古風な㋻もある。
いまと昔のハイブリッドな文化！？

古風だけど、文化は、いまの生活のなかで評価されるのでは？

新しいスーパーの
㋻屋は話題のお店 ★4 ⟷ 文化は別の評価軸 ★1
独自性があるものや
一点物のほうが価値が高い

新たな発見がもたらされる瞬間

さて、勘太くんの進行で深まった対話から、どんな課題解決が導かれるでしょうか。

「今日はありがとう。最後に、いままでの対話を振り返りますね。どんな気づきや発見があったか、それぞれ考えてみてください。答えじゃなくて、新しい問いでもいいよ。

『和菓子屋』というテーマについて、最初、問いが4つあがったので、それらを2つのグループに分けました。

1つは、『和菓子の文化や時代の感覚』についての問い。

もう一方は、『和菓子を食べる理由や意味』についての問い。

最初に、『和菓子の文化や時代の感覚』について、『和菓子の文化って何か?』『和菓子は、現代に合ったお菓子なのか?』という問いを話しあいました。

たとえば、和菓子には、古風なイメージがあるけど、最近の和菓子には、現代的なものもあるねっていう意見が出ました。古風なイメージも、いまの自分たちの生活のなかでこそ評価されるんじゃないかって意見もあったね。

でも、そこで『評価される』ってどういうこと？　って問題が出てきた。

『話題になっているほうがいい』という評価軸もあるけれど、古風とか文化、それに、きれいとかかわいいとか、別の評価軸もあるんじゃないかって意見が出ました。

その際にはとくに、ほかにはない独自性とか一点物ということが、モノの価値を高めるのではないかっていうことだったよね？

いままでの対話を振り返ってみて、どうかなあ？

新しい気づきや発見、問いがあれば教えてください」


「和菓子は、古風なイメージで若者のお菓子じゃないと思い込んでいて、和菓子屋さんに入ることもなかったんスけど、あらためて考えてみると、とても見た目がきれいな食べ物で、同年代の女の子たちに人気があるんだなって、はじめて知ったな～」

「わたしは食べることばかり考えていたけど、限定品とか新しくできたものに目がないことに気づいたなあ。人間って、なぜ限定品や新しいものに引かれるんだろうか？」

「食べ物としての和菓子を提供することがすべてではないのね。特別な一点物を喜ぶひともいれば、見た目や文化を楽しむひともいるということは、なんとなく感じていたけど、みんなのお話を聞いて、とってもはっきりしたわ。今日はありがとう。

……そうだ！」

勘太くんは、これまでの対話を振り返る際に、どんな気づきや発見があったか、どんな新しい問いが思い浮かんだかを考えてみるように、さりげなくうながしています。

「よし、考えるぞ！」という気持ちでひとの話を聞くのと、ぼーっと聞くのとでは大違い。最後は、みんなにも気合いを入れなおしてダメ押しで考える姿勢になってもらいましょう。

振り返る際にも、漠然と「今日の話はどうでした？」と聞くより、

「この話題では、〝A〟という意見と、〝B〟という意見が出ましたね」

と、**具体的な発言や論点をあげながら振り返るほうが、聞いているひとの思考は深まります**。

対話の最中では気づけなかったことも、最後にあらためて俯瞰(ふかん)して考えてみることで、革新的／核心的な気づきや発見、問いが浮かぶかもしれませんからね。

くり返しになりますが、ここでファシリテーター（このお話では勘太くん）が議論の最中に

取っていたメモ（哲レコ）が役に立つことはいうまでもありません。

ここまでが、ワークショップ形式で哲学シンキングを実施する場合の一連の流れです。

紙幅の都合上、今回は省略しましたが、本来であれば仁さんや金ちゃん以外の調査対象にも参加してもらって意見を聞いたほうがよいでしょう。仁さんや金ちゃんの意見は、例外的な意見だったかもしれませんからね。

人数が増えてもやり方じたいは同じですが、たくさんのひとが集まるほど、さまざまな意見が出て、進行もむずかしくなります。

組織内でやるときは、1回につき8～10人で実施するのが最適ですが、まずは自分のチーム4～6人で行って感覚をつかんでみるのがいいと思います。

さらに深く多角的に課題を掘り下げたいときは、複数回実施するとよいでしょう。

1回目で深掘りが足りなかった部分、たとえば「和菓子の文化」など、テーマを限定して実施すれば、より深い理解や、さらに新しい視点が得られるでしょう。

あるいは「和菓子と洋菓子」といったテーマを設定すれば、和菓子と洋菓子に共通するポイ

STEP 3 議論を組み立てる（20分＋20分）

慣れるまでは、2つの問いのグループのみ

「次に、〇〇という問いについて、さらなる問いでも自分の考えでもいいので、意見を出してみましょう。

その際、なぜそう言えるのか？　〇〇はどういう意味か？

もし〇〇ならどうなるか？

たとえばどういう例があるか？ お互いに問いかけあいましょう」

・議論をメモし、重要な論点やインサイトに★印をつける
・対話を振り返って整理したり、別の視点に話を振ってみる

STEP 4 「新しい洞察・視点」の発見（10分）

「これから議論を振り返りますので、どんな新しい発見や気づきがあったか、考えてみてください。

答えではなく、問いのかたちでもかまいません」

・議論の分岐点やキーワードを指摘していく

ワークショップの流れ（60分コース）

STEP 0 場の設計（事前に準備）144ページ参照

・レイアウトは円形に。参加者の距離はヒザが当たらない程度に
・同性、同じ属性、発言力のあるひとには分散して座ってもらう

上下関係なく、発言しやすい雰囲気をつくる！

STEP 1 問いを集める（5分）慣れるまでは5〜6個

「〇〇（テーマ）について、答えではなく、問いをあげてみましょう。
普段から疑問に思っていることでも、突拍子のない問いでもかまいません」

それぞれの頭のなかのストーリーを大切に！

・ファシリテーターだけ、出てきた問いを紙にメモする
・ホワイトボードやふせんなど、参加者が見える形式にしない！

STEP 2 問いを整理する（5分）

「次に、似ている問いをグルーピングし、
何に関する問いか、整理しましょう」

・STEP 1の問いを読み上げ、関連する問いをグループ化
・モヤモヤする問いから、課題解決に迫っていく順番を決める

ントや、洋菓子にはない和菓子独自の本質、和菓子ではなく洋菓子が購入される場合の理由などを明らかにすることができます。

また、人間の本性に迫る哲学シンキングは、「なぜ、○○のひとは、△△ではなく、□□を選ぶのか?」といった「意思決定」の問題や、「ほんとうは○○を食べてはいけないのに、つい食べてしまうのはなぜか?」といった問題を探求することができます。

ちなみに後者は、「アクラシア(無抑制)」の問題として、アリストテレス以来、哲学史でたびたび論じられてきました。

このように哲学シンキングは新しいマーケティングリサーチの手法でもあり、課題解決のためのインサイト(洞察)やアイデアを発掘するツールにもなります。

アイデアをカタチに

さてさて、みんなの話を聞いて、なにかを思いついたおばあちゃん。

〝対策会議〟の数週間後、勘太くんがおばあちゃんの和菓子屋に遊びにいくと……。なにやら店内から人があふれでてくるほどの大にぎわい。いったいどうしたのでしょう？

「……なんだなんだ？　ひとがぎゅうぎゅうだぞ……。おばあちゃーん、今日も遊びに来たよ。
うわあ、今日はお客さんがいっぱい！　何が起こったの？」

「いらっしゃい、勘ちゃん。今日は大忙しなのよ、手伝ってくれる？
このあいだのみんなの話を聞いて、和菓子の歴史を学んだり、自分でパーツを組み合わせてお手製の和菓子をつくれたりする体験教室を始めたのよ。そしたらねえ、こんなにみんな来てくださってね……」

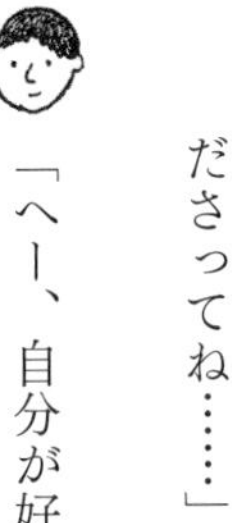

「へー、自分が好きなようにお菓子をデコレーションできるの？　楽しそう！　仁さんやおたけさんも来てるね」

「そうなのよ。これまでにない新しい和菓子をつくるんだって、仁さん、はりきっちゃって。
おたけさんも若い子も、たくさんお話ししてくれてうれしいわ」

「お客さんたちも、みんなうれしそうだね。あっ、金ちゃん！」

「いまは話しかけちゃダメ。彼女にプレゼントする和菓子をつくるんだって。自分が食べなくても、誰かに食べてもらえばいいんだって」

「金ちゃんは一途なんだなぁ。ねえねえ、おばあちゃん。それはそうとさ、ぼく、お腹すいちゃった。もちもち桜餅ちょうだい」

「あらっ、勘ちゃん、ごめんね、今日はもちもち桜餅ないのよ」

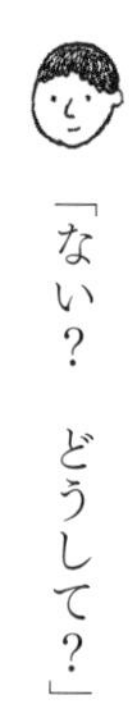
「ない？　どうして？」

「前よりお客さんが増えて、全部、売りきれちゃったの。材料はあるから、自分でつくってちょうだい？」

2章のまとめ

- プロジェクトの準備。「なぜ、それをするのか？　何をすべきか／すべきでないか？（目的や意義）」をチームで深掘りし、共有しよう
- 相手の本音を引き出すために、自発的な発言を「待つ」
- 「なぜ？」以外にも、いろんな角度（パターン）の問い方をしてみる
- 結論は1つだろうか？　別の可能性や候補も聞いてみる
- あらかじめ「答え」を想定した問いはNG！
- ただ話を聞くのではなく、議論のふくらみをつくろう

想定を超えた
“未来のビジョン”
を描く

“イノベーションの種”を見つけ、
大きく育てる方法

小太郎とペンギンのいる海

1～2章では、哲学シンキングの基本を学びましたね。3章はいよいよ実践編です。今度は、読者のみなさんも参加者の1人になって考えてみてください。

＊　＊　＊

舞台は、街の中心からちょっと離れたところにある水族館。

ここで働くスタッフは毎日の接客に、館内の管理、動物たちの世話……とみんな大忙し。それに加えて、来年の展示の下準備が始まっています。

なのに、あれ……？　さっきから水槽の前で動かないひとがいますね。

「小太郎くん、またぼけーっと水槽見てる。ちょっと、小太郎くん、ちょっと！」

「は、はい！　なんでしょうか？」

「なんでしょうか？　じゃないわよ。例の企画案、進んでるの？」

「例の企画案……？　何でしたっけ？」

「また忘れてる。ずいぶんと前に頼んだでしょ。オセアニア区画のリニューアル展示！」

「あー、あれですね。もちろん……進んでません」

「そんなことだろうと思ったわよ。真田（さなだ）くん！　小太郎くんがまだ何も考えてないみたいだから、哲学シンキングで企画案を考えて、来週の会議までに出してもらえる？　わかった？」

小太郎くん、ずいぶん前に頼まれていた展示企画の仕事、すっかり忘れていました。
来年もなんとかお客さんをたくさん呼べる企画を考えたい。でも、みんなをまとめる立場の千代さんは、思うように準備が進んでいないことに焦っているようです。
真田先輩が、いろんな部署のスタッフたちを館内のカフェに集めて会議です。

「オセアニアに詳しいひとがいたほうがいいから、洋介には参加してもらわないと困るな。

それから、女性の意見も聞きたいから、奈々さんにも来てもらおう。

あとは、ほかの区画を担当しているひとの視点もほしいから……北極区画を担当している小川くんにも参加してもらおうかな。

そうだ、お客さんの意見も聞きたいから、○○さん（あなた）にも加わってもらおうか！」

登場人物は

小太郎くん

真田先輩

千代さん

洋介さん

奈々さん

小川くん

あなた

テーマ3

「新しい事業を起こすには？」

哲学シンキングがこんなときに使えます！

▼新しい事業のコンセプトを深掘りし策定すると同時に、腑(ふ)に落ちるかたちでメンバー間で共有する（ビジョン構築、コンセプトメイキング）

▼それぞれの個性を最大限に引き出しながら、チームをまとめる（組織開発・チームビルディング）

▼自分たちが想像もしていなかった新しい視点を生み出す（アイデアワーク）

「あいまいなアイデア」をどう掘り下げるか

「こたぁ～、またペンギン見てたんだってな」

「は、はい、すいません……」

「まぁ、いいさ。みんなに集まってもらったから、いっしょに考えよう。千代さんから言われた今回のテーマは、『ウキウキ！　夏の生きものたち』。じゃあ、みんな、来年のイベントに向けて、『ウキウキ！』に関する意見や答えではなく、『問い』を出してみよう。普段から思っている問いでも、突拍子もない問いでもかまわないぞ」

一同「う～ん…………」

「そもそも、ウキウキするってどういうことか？」

「なるほど。そもそも、ウキウキするってどういうことか。ほかには？」

「ひとが、ウキウキするのはどんなときか？」

「じゃあ、それに関連して、水族館に来る前と来てから、どっちのほうがウキウキするのか？」

「ウキウキとドキドキの違いは何か？」

（さぁ、読者のみなさんも、1つ問いを考えて、ここに書き足してください！）

「　　　　　　　　　　　　？」

「なるほど、そういう問いもあるね！　いま、問いが5つ出たけど、あと1つくらい、言っておきたい問いとか、あるかな？」

「はいっ！　動物や魚もウキウキすることはあるのか!?」

「…………。おまえのそういうところ、好きだよ……。
よし、じゃあ、次は、いま出た6つの問いをグルーピングして、何をめぐる問いか、整理してみよう。今から、問いを読み上げるから、これとこれは似ているんじゃないかとか、これは、○○をめぐる問いじゃないかとか、考えてみよう。
最初にあがったのが『そもそも、ウキウキするってどういうことか』
2つ目が『ひとが、ウキウキするのはどんなときか』
3つ目が『水族館に来る前と来てから、どっちのほうがウキウキするのか』
4つ目が『ウキウキとドキドキの違いは何か』
5つ目が『(あなたがあげた問い)』
6つ目が『動物や魚もウキウキすることはあるのか』
さぁ、似ている問いはあったかな？」

「2つ目と3つ目は、関連する問いだね。ウキウキの〝時〟についての問いかな」

「1つ目と4つ目は、ウキウキの〝定義や意味〟についての問いって言えるかも」

「小太の出した問いは、何かなあ。ウキウキの〝主体〟を問う問い？　それとも〝対象〟を問う問いかな？　小太はどういう意味で言ったんだ？」

「はい。アザラシだってエサを持っていくと鼻をピクピクさせてるから、動物や魚もウキウキすることあるのかなあって」

「じゃあ、誰がウキウキしているかってことだから、やっぱりウキウキの〝主体〟を問う問いかな。残っている5つ目の問いはどうかな。いままで整理したグループに入れてもいいし、どれにもグルーピングできなければ、新しく考えてもかまわないよ」

「そうですねぇ、（あなたの出した問い）は、（　　　　　　　）をめぐる問いだと思います」

さて、読者のみなさんは水族館の展示に向けて、「ウキウキ」に関する問いをあげることができたでしょうか。また、それが何をめぐる問いか、考えられたでしょうか。

読んでいるだけだと簡単そうですが、実際に自分でやってみると、普段は使っていない頭の部分を使っている気がしたのではないでしょうか。

わたしたちは子どものころから、意見や答えを求められることはよくありますが、「問い」を求められる機会は、それほど多くありません。

でも、「問い」は、そのテーマについてよく考えてみないと思い浮かびません。セミナーなどで「何か質問はありますか?」と聞かれたとき、それまでの話をよぉーく聴いていないと質問も浮かんできませんよね。ここでも、「ウキウキ」について、いろいろと想像をふくらませながら考えることではじめて、「問い」が思い浮かんできたはずです。

なぜ「定番のアレ」を使わないのか

ところで、読者のみなさんのなかでも、ビジネスパーソンの方は、あることに疑問を抱いたかもしれません。

「問いを出す際、ポストイットやホワイトボードを使わないのかな?」

「ウキウキの問い」をグループ化する

テーマ 「ウキウキ！」

1. そもそも、ウキウキするってどういうことか？
2. ひとが、ウキウキするのはどんなときか？
3. 水族館に来る前と来てから、どっちのほうがウキウキするのか？
4. ウキウキとドキドキの違いは何か？
5. （あなたがあげた問い）？
6. 動物や魚もウキウキすることはあるのか？

（2・3 → Ⓐ、1・4 → Ⓑ、5 → Ⓓ、6 → Ⓒ）

書き方は自由。自分（ファシリテーター）がわかれば、どんなふうに線を描いてもよい。

Ⓐウキウキの「時」を問う問い
Ⓑウキウキの「定義や意味」を問う問い
Ⓒウキウキの「主体」を問う問い
Ⓓウキウキの「○○」を問う問い

グルーピングしづらい問いは、単独のままでもよい

と。しかし、哲学シンキングのスタンダードにおいては、どちらも**不要**です。

ビジネスの会議では、ことあるごとに、ホワイトボードに縦軸／横軸を引いて四象限（よんしょうげん）に整理したり、図表にまとめたりしたがるひとがいます。哲学シンキングでは、できるだけそうしたことをしないようにします。

なぜか。

四象限や図表にまとめると、議論は抽象化・単純化され、参加者みんなが同じことを考えるようになってしまうからです。

思考の画一化は、みんなに同じことを考えさせるためには有効でしょう。しかし、それと引き換えに、**発想の多様性は失われ、細部に宿るイノベーションの種は枯れてしまいます。**

ホワイトボードは、どうしても言葉ではうまく伝えられず、ビジュアルにしたほうが伝えやすいときに使うことがあります。このような場合、あくまでも表現の幅を広げるための道具として使います。議論を画一化するようなかたちで整理するためではありません。

では、問いを書き出すのはどうか。問いをポストイットに書いて、ホワイトボードなどに張るのはどうか。

たしかに、哲学シンキングのパターンとして、そういうパターンがあってもよいのかもしれ

複数人が集まる議論に、ポストイットとホワイトボードは不要

書かないほうがみんなの思考は深まる

ません。実際、問いの数が6個ほどなら、耳で聞くだけで理解できるのですが、10個以上にもなると、なにがなんだかわからなくなってくるひともいます。

なかには、親切心から「わたしがボードに書いてまとめましょうか?」と声をかけてくれるひともいます。

ですが、哲学シンキングで行う議論の基本としては、そうしないようにしています。それにはいくつかの理由があります。

1つに、**ひとは頭のなかの観念を文字にして書き起こすと、それで安心してしまい、自分の頭で記憶しようとしなくなります**。せっかくの自分ごととしての問いが、「対象化」されてしまって、「わたし」から分離されてしまうのです。

どこにも文字として書かないことで、みな、必死にファシリテーターの言葉に耳を傾け、姿勢が前のめりになるひともいれば、腕を組んで目をつぶり、じっと考え込むひともいます。

問いを整理するステップは、傾聴の姿勢をつくり、内省的に深く考えるマインドセットをつくるワークでもあります。

もう1つの理由としては、むしろ個人のメモリを超える情報量を与えることで、それぞれに**情報の取捨選択**をさせています。

近代において「コペルニクス的転回」を行ったドイツ（プロイセン）の哲学者カントは「理性的存在者である人間は、感性を通じて多様なるデータを受容し、悟性（ごせい）によってカテゴライズして判断する」と考えました。

つまり、**対象がわたしたちの認識を構成するのではなく、わたしたちの認識とともに「ある事物が何であるか」が構成される**のです。

一般に、人間は視覚や聴覚などを通じて得られる情報すべてを認識できているわけではありません。

たくさんのデータのうち重要でないものを排除し、重要であるものを選択することでものごとを認知しています。

つまり、たくさんの情報が与えられるなかで、「わたしにとって大事な問い」が際立たされ、重要度の高さからグルーピングが行われるのです。

みなが同時に同じ問いを聞いているとしても、それぞれが気になる問いや、頭で描くストーリーはそれぞれ異なっています。

哲学シンキングはその多様性を殺さずに、おおいに活かします。

最初に問いを集めるときも同様です。ポストイットを使うと、「聞く・話す」より「読む・書く」というワークになってしまいます。

ステップ1（38ページ参照）は、ほかのひとの言葉に耳を傾けるというワークでもあります。また、なかなか問いが出せないひとでも、ほかのひとの問いに触発されて、「あっ、そういう感じでやればいいんだ！」と、問いが思い浮かんでくるひともいます。みんなで問いを出すなかで、クリエイティブな思考に切り替わるのですね。

いちいちポストイットを読み上げる必要もないので、内容共有の時間も省けますし、表情や体の動作から、発せられた言葉以上の情報をお互いに感じとることができます。

ファシリテーター（このお話では真田先輩）だけは、問いを読み上げるために187ページのようにメモをとりますが、ほかの参加者には見せません。ステップ3（56、79ページ）やステップ4（89ページ）についても同様です。

アナロジーでどんどん思考がつながっていく

「さて、〝ウキウキ〟に関して、6つの問いが出て、〝ウキウキ〟の〝時〟〝定義や意味〟〝主体〟〝○

○〟を問う問いにまとめることができました。
どれから考えようか。
そうだなあ、〝ウキウキ〟の〝時〟を問う問いから考えてみよう。
『ひとが、ウキウキするのはどんなときか』『水族館に来る前と来てから、どっちのほうがウキウキするのか』について、意見でも新しい問いでもいいから出してみようか」

「水族館にかぎらず、ひとがウキウキするのは明日楽しみなことがあるとか、未来に向けてよいことがあるときじゃないかな」

「確かに過去のことに対して、ウキウキすることはないもんね」

「絶望していたらウキウキはしないよね。ウキウキしているときは、なにかを期待しているときだから、未来へのまなざしがあるのかもしれない」

「3人とも、ウキウキは過去に向けられるものではなく、未来へ向けられる点で意見が一致しているけど、**現在はどうだろう。現在においてなにかを期待したり、ウキウキすることはない**

のかな？」

「目の前でイルカショーを見ていて、ウキウキしていることもあるなぁ。心がおどるというか。ということは、現在にもウキウキはあてはまるのでは？」

「たしかに『未来への期待』だけじゃなくて、彼氏といっしょにいるだけでもウキウキすることもあるよねぇ。でも、『現在への期待』なんてあるのかなぁ？」

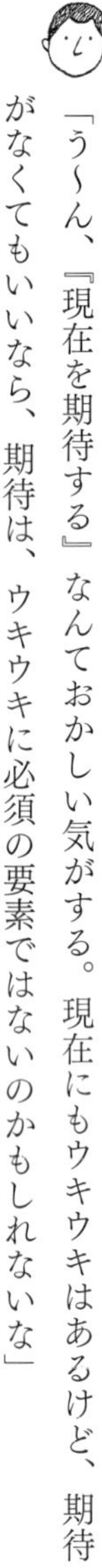

「う〜ん、『現在を期待する』なんておかしい気がする。現在にもウキウキはあるけど、期待がなくてもいいなら、期待は、ウキウキに必須の要素ではないのかもしれないな」

「○○さん（あなた）はどう考える？」

「　　　　　　　　　　　　　　　　　　」

ここまで読んできて、「この議論、どこに向かうの？」と思っている読者がいることでしょう。

なかには、水族館の企画について話しているのに、「彼氏」の話をしはじめて、「コイツ、空気読めないな」と思ったひともいるかもしれません。

はじめて哲学シンキングを体験していただくと、終わったあとに、途中で心配になったという感想をしばしばいただきます。

課題解決が目的とされるビジネスの現場では、解決志向の思考法になりがちなため、ちょっとでも話がそれるとイライラするひとも多いようですね。

しかし、前の章でも書いたように、ある目的を設定し、仮説を立て、そのなかで考えると、思考も対話もそのフレームのなかに限定されてしまいます。

他方、哲学シンキングにおける問いをあげるステップは、既存のフレームを破壊し、思考のフレームを拡張する試みです。

ときに、脱線した話をするひともいますが、「ウキウキ」というテーマにかかわっているのであればまったくかまいません。

「AとかけましてBととく。その心は？　どちらもCである」というおなじみの謎かけ。

これは、Cを共通項として、AとBをアナロジカル（類比的）に結びつけています。AとB

は、まったく異なる部類のものなのに、Cを媒介として結びつくことで、意外性が生まれます。

ここでは、「ウキウキ」というテーマが、Cの役割を果たしています。

A「水族館でのイルカショー」と、B「彼氏とのデート」が、「ウキウキ」を媒介として類比的に結びついているわけです。

まったく無関係な話でなければ、哲学シンキングでは、脱線した発言も空気が読めない発言も、むしろイノベーティブな発想のきっかけとして歓迎されます。

それが「伏線」となり、あとで思わぬ発想の転換をもたらすことがしばしばです。

直接的には無用な「自由な思弁」こそ大事なのです。

具体例が出やすいものから

さて真田先輩は、グループ化のあと、〝時〟を問う問いからスタートしました。

「ウキウキ」をコンセプトとした企画を考えるなら、「ウキウキ」の定義や意味を明らかにするのが最短ルートに思われるでしょう。しかし、哲学シンキングの大原則を思い出してください。急がば回れ。課題解決から少し遠そうに見えても、意外な視点が得られそうな問いのグルー

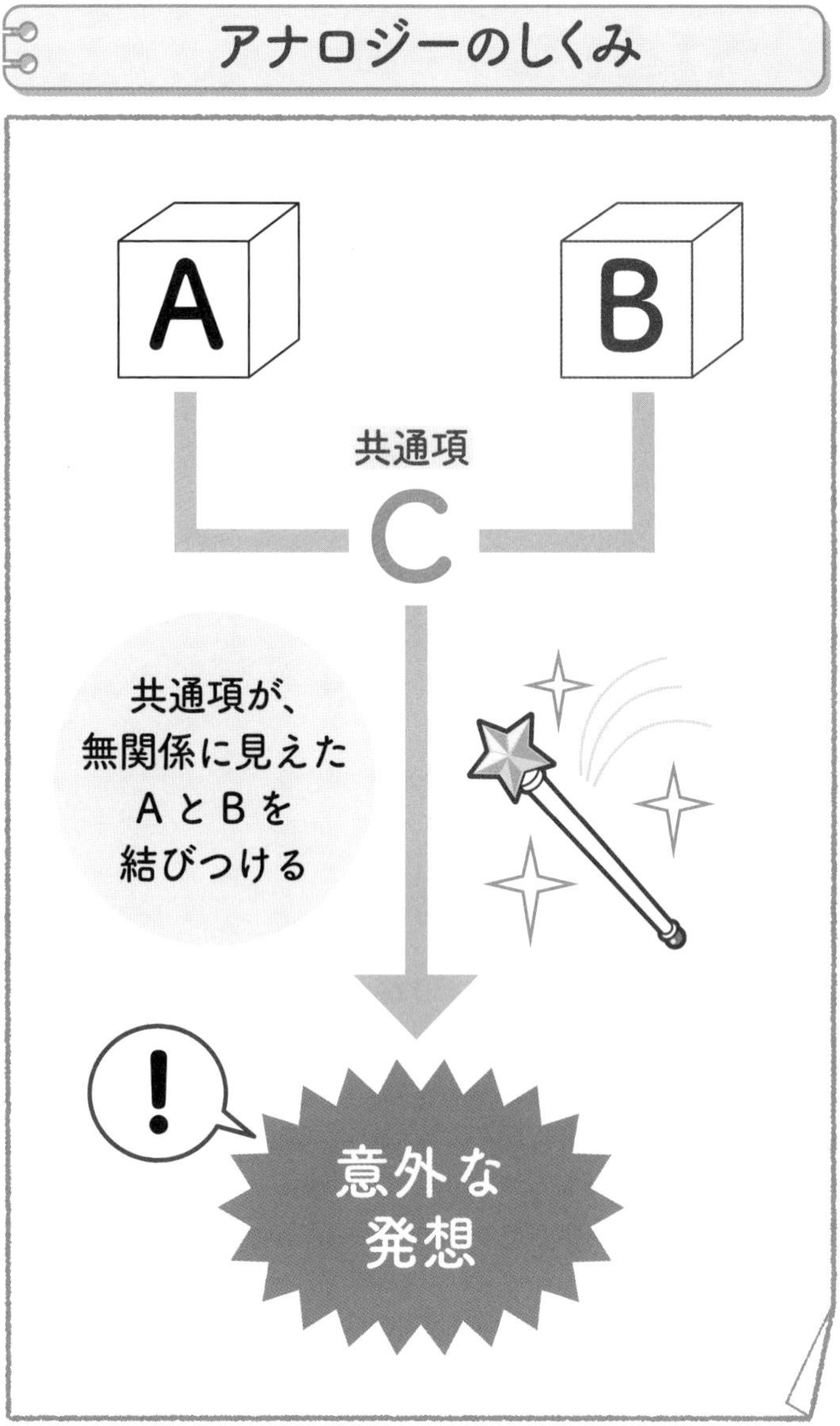

アナロジーのしくみ

A

B

共通項

C

共通項が、
無関係に見えた
A と B を
結びつける

!

意外な
発想

プからスタートします。

「〇〇とは何か？」「〇〇ってどういう意味？」という問いは、ものごとの「本質」を考えるときの王道の問いかけのように見えますが、すぐに答えを出すにはむずかしい問いかけです。

たとえば、「この色は何ですか？」と問われて、「青色です」と答えるとしましょう。でも、青のまわりがオレンジ色なのか紺色なのかで、その色の彩度は変わり、ときにはまったく別の色に見えることだってあります。

「これは〇〇である」という本質は、それを取り巻く背景や脈絡、周辺要素との関係によって変わってしまうのです。

したがって、むしろ、まずあつかうべき問いのグループとしては、「ウキウキとは何か」は最初に外れます。

ほかにも「美とは何か」という問いは、哲学（あるいは美学）において、もっとも根本的で本質的な問いですが、哲学的思考をビジネスのメソッドに落とし込んだ哲学シンキングでは、プロジェクトの目的に応じて重要性が変わります。

マーケティングリサーチをするうえでは、最終的に「美とは何か」を知りたいわけではなく、「どうして生活者は、美しくなりたいのか」「どんなとき、消費者は美容品を買うのか」を知りたいことが多いからです。

一方、コンセプトメイキングやアイデアワークでは、答えがないように見える「美とは何か」を問い合意形成していくなかで、独自のコンセプトやアイデアに成長させていきます。

それでも、「○○とは何か」という議論は抽象的な空中戦になりがちなので、**最初は具体例が出やすい「時」や「場所」「条件」などの問いのグループをあつかうのがよい**でしょう。

ただし、合意形成だけでは不十分です。真田先輩は、「現在において何かを期待したり、ウキウキすることはないか」と、論点を切り替えています。

みんなが「ウキウキは、過去視線ではなく、未来視線のもの」と合意し、議論が一方向に偏りすぎるなかで、**進行役はあえて、その過程に存在する「別の可能性」や「分岐点」を指摘していきましょう。**

収束と発散をくり返すなかで、ダイナミックにコンセプトやアイデアは成長していきます。

「いろんな意見が出てきて、議論がこんがらがってきたね。いったん議論を振り返っておこう。みんな、〝ウキウキ〟は過去視線ではなく、未来視線のものだという意見で一致していた。では、現在についてはどうかというと、イルカショーを見ているときや恋人とただいっしょにいるときにもウキウキすることがあるから、現在にもウキウキは適用できそう。
だけど、『現在に期待する』っておかしいから、最初、ウキウキには期待が含まれていると思われていたけど、期待は〝ウキウキ〟の必須の本質ではないという議論になったね。
じゃあ、ここで〝ウキウキ〟の『定義や意味』をめぐる問いに変えてみようか。
『そもそも、ウキウキするってどういうことか』『ウキウキとドキドキの違いは何か』について、また意見でも問いでもいいから出してみよう」

「ウキウキのほうが、『何に対してウキウキしているか』、その対象がわかっているのに対して、ドキドキのほうは、その対象がはっきりしていないように感じるなあ。でも、ウキウキもドキドキも、動的な感じがあるかな」

「将来が不安なときなんかは、ドキドキするよね」

「じゃあ、ウキウキの場合は？」

「少なくとも不安はないね。不安がないことが、ウキウキの条件かな？」

どんどん展開させよう

ⓤの「時」を問う問い　　「ウキウキ」をⓤと略記

2. ひとが、ⓤするのはどんなときか？

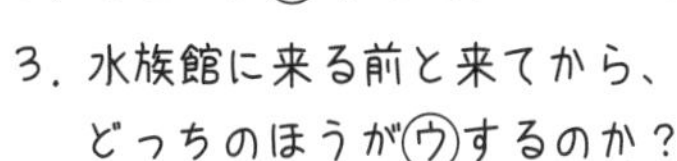

3. 水族館に来る前と来てから、
どっちのほうがⓤするのか？

明日楽しみなことがあるとか、
未来に向けてよいことがあるときでは？

賛同意見

過去のことに対して、
ⓤすることはない
絶望していたらⓤしない
未来への期待がある

ⓤは、過去で
はなく、未来
に向けられる

別の視点に
振ってみる

現在はどうか？

e.g. 目の前でイルカショーを見ていてもⓤする
心がおどる

e.g. 彼氏といっしょにいるだけでもⓤする

「現在」にもⓤはありそう！★

でも、「現在への期待」ってないのでは？

「期待」はⓤに必須ではない！？★

「たしかに、彼氏とつき合いたてのちょっと不安がある状態ではドキドキするけど、ウキウキするのは、信頼ができる彼氏限定な気がする。ひょっとするとさっきの〝現在のウキウキ〟は、〝信頼できているウキウキ〟なのかも！」

「イルカショーも、失敗しそうなショーだったら、ウキウキするより心配してドキドキしちゃうかもなぁ。安心していることはウキウキする必須条件かもしれない」

「『現在の彼氏を期待している』っておかしな表現だけど、『現在の彼氏を信頼している』ってのは、おかしくないね。『未来への期待』も、『楽しいことやよいことが待っていることへの信頼』といえるかもしれない。ちょっとでも不安だったら、ウキウキできないもん！」

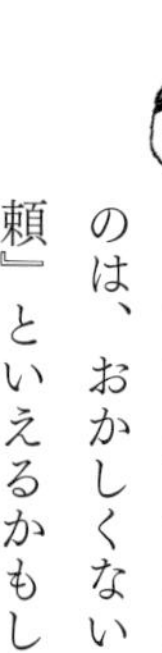

「そうだとしたら、〝ウキウキ〟をコンセプトにした企画をつくるときには、不安要素はできるだけなくしたほうがよさそうだ。でも、『心がおどる』とか『動的な感じ』というワードが出てきたように、なにか心がうごめく必要はあるのかもしれない」

ここまで読み進めてきた読者のみなさんはおわかりですね。最初に真田先輩は、それまでの議論を振り返っています。

そして、「ウキウキ」の本質を問う話題になったので、「定義や意味」の視点に切り替えました。

今回の議論のポイントは、**問いのグループを変えたことで、それまでの議論内容を別の視点から眺めることができ、発想の転換が起きている点**です。

最初は「ウキウキ」は、「未来への期待」にかかわると考えられていましたが、「現在にもウキウキがある」けれども『現在に期待する』っておかしい」という意見が出てきて、「期待」は「ウキウキ」に必須の本質ではないと考えられるにいたりました。

一方、似通っているように見える「ドキドキ」との関係や違いを考えるなかで、「ウキウキ」するときは、不安がないことを確信できているという「隠れた前提」が明らかになりました。

議論体系をつくっては破壊し、再構築していくことは、哲学シンキングの神髄です。斬新な発想が生まれやすい構造が、あらかじめデザインされているのです。

1つ目の問いのグループ（201ページのウキウキの〝時〟）に関する議論体系は、壊すためにつくっているといっても過言ではありません。まず、ある問いのグループについて対話し、みんなで共通理解をつくり、合意形成していきます。

2つ目の問いのグループ（205ページのウキウキの〝定義や意味〟）の議論は、最初にできた議論体系を別の視点から眺めることで、盲点を見つけたり、もともとの意味解釈を転換させたりするのです。

キリスト教神学をはじめ、哲学史・神学史では、神による「無からの創造（creatio ex nihilo）」がさかんに議論されてきました。神学的な問題はさしあたり保留するとして、人間には、なにもないところからなにかをつくり出すことは不可能だと、著者のぼく自身は考えています。

ビジネスでもよく「0→1をつくる」ことが起業やイノベーションのビジョンとして掲げられますが、それは人間のなせる業ではありません。

人間による創造は、あるものごとが持っている関係性をいったんバラバラにし、別の要素や関係性とくっつけなおすことで可能となります。

先述のとおり、「ある1つのものが何であるか」は、ほかの要素との関係性や脈絡に依存して規定されるので、別の要素や関係性と結びつけることで、もともとの意味や本質がリニューアルされるのです。

発想の転換が起こるとき

ウの「定義や意味」を問う問い　「ドキドキ」をドと略記

1．そもそも、ウするってどういうことか？

4．ウとドの違いは何か？

ウ：対象がわかっている
ド：対象がはっきりしていない
両方：動的な感じがある ★1

e.g. 不安なとき、ドする

ウの条件：不安がないこと

➡「信頼」や「安心」がウの条件！？ ★2

現在はどうか？

e.g. 目の前でイルカショーを見ていてもウする　心がおどる ★1

e.g. 彼氏といっしょにいるだけでもウする

「現在」にもウはありそう！

別の視点での気づきが、前の議論に新たな気づきを生む

「現在のウ」も「信頼」や「安心」が条件！ ★2

「未来への期待」も、「信頼」では？

★1 ウキウキは、心がうごめく
★2 信頼や安心がウキウキの条件

これが、哲学シンキングが革新的な発想を生み出せるしくみであり、根拠です。

もちろん、破壊からの創造はかならず起こせるわけではありません。個々の要素にはなかった新しい質が、組織化された全体において発現することを**「創発（emergence）」**といい、複雑系の科学のほか、ビジネスの文脈でも使われていますが、**「創発」は合理的に予見できない**と哲学的には考えられます。

イノベーションを起こすには、偶然的で非合理な要素をうまく巻き込む必要があるのです。「うまく」というのは、でたらめに偶然的な要素を集めるだけではダメだということです。

合理的な議論体系をつくり、みんなが納得していくなかで、ポツッと突拍子もない「たった1つの問い」が飛び込んで、そこまでの議論が「脱臼」することで、議論体系のメタモルフォーゼ（変容）が始まります。

比喩的に言えば、完成されたモナリザの顔に、1点の小さなホクロを書き足すだけで、全体の様相が一変してしまうようなものです。

目尻に書き足されるのか、鼻の下に書き足されるのかでも、全体の意味や価値は変わってしまうでしょう。

思考が煮詰まったら、あえて視点をずらしたり、条件を外してみる

哲学シンキングは脱線や空気の読めない話も許容することで、そうした「革新的な発言」を待ち望むのです。

「異端者」を探せ

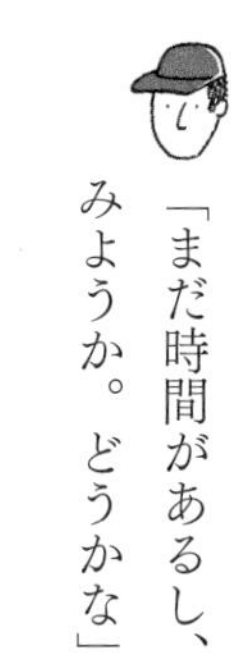

「まだ時間があるし、小太郎の『動物や魚もウキウキすることはあるのか』についても考えてみようか。どうかな」

「さっき、小太郎も言っていたみたいに、ある種の動物には、ウキウキ体験がありそうだね。でも、魚にはないんじゃないかなあ」

「なぜ、そう思うの？」

「魚には感情がなさそうだしさ。ほら、諸説あるものの、魚には痛覚がないって言うだろ。『痛い』って感じないってことは、ウキウキの感情もないんじゃないかな」

「ん〜、そうなんですかね。魚がさばかれるとき、『痛い！』って聞こえてくることってないですか？」

一同「ええっ？　何、それ!?　どういうこと？　スピリチュアルなこと？」

「いや、そういうわけでもないんですけど。たとえば、環境汚染とかゴミ問題で、釣り針が刺さったまま泳いでいる魚を見ると、かわいそうだなって思いませんか。
その魚じたいは、痛くもかゆくもないのかもしれないけど、見ているこっちまで痛くなるっていうか。水槽のなかの魚を見るときも、元気に泳いでいるほうがウキウキしますし、エサをあげるときにいっしょに泳いでいると、こっちまでウキウキしてくるんですよね」

「たしかに彼氏といるときも、自分だけでウキウキするより、向こうもウキウキしているのが感じられるほうがウキウキが増幅されるな〜」

「心がおどるとか、うごめくっていうのもそうだけど、ウキウキは、共感とか共振したほうが

大きくなるってことか。いい気づきだね！」

「ぼくは子どもたちにも魚と一緒に泳ぐウキウキを体験してもらいたいし、海の環境問題についても考えてもらいたいんですよね」

小太郎くんの「妙な発言」から、議論は活性化。

いろいろなところで哲学シンキングをやっていると、こういった事態がよく起こります。みんなの意見が出つくしてまとまりかけたときに、ふと、誰かの発言でそれまでの議論内容がひっくり返されるのです。

そういうときはたいていほかの参加者は興味津々で、発言者は質問攻めにあいます。議論は再活性化し、これまでにないほど盛り上がります。まさに、議論体系の解体と再構築が起きるのです。

そして、そういうきっかけをつくるのは、**通常の会議やブレストでは、日の目を見ることのなかったひと**です。

社員育成が徹底された精鋭ぞろいの、とある企業でワークショップを実施したときのこと。

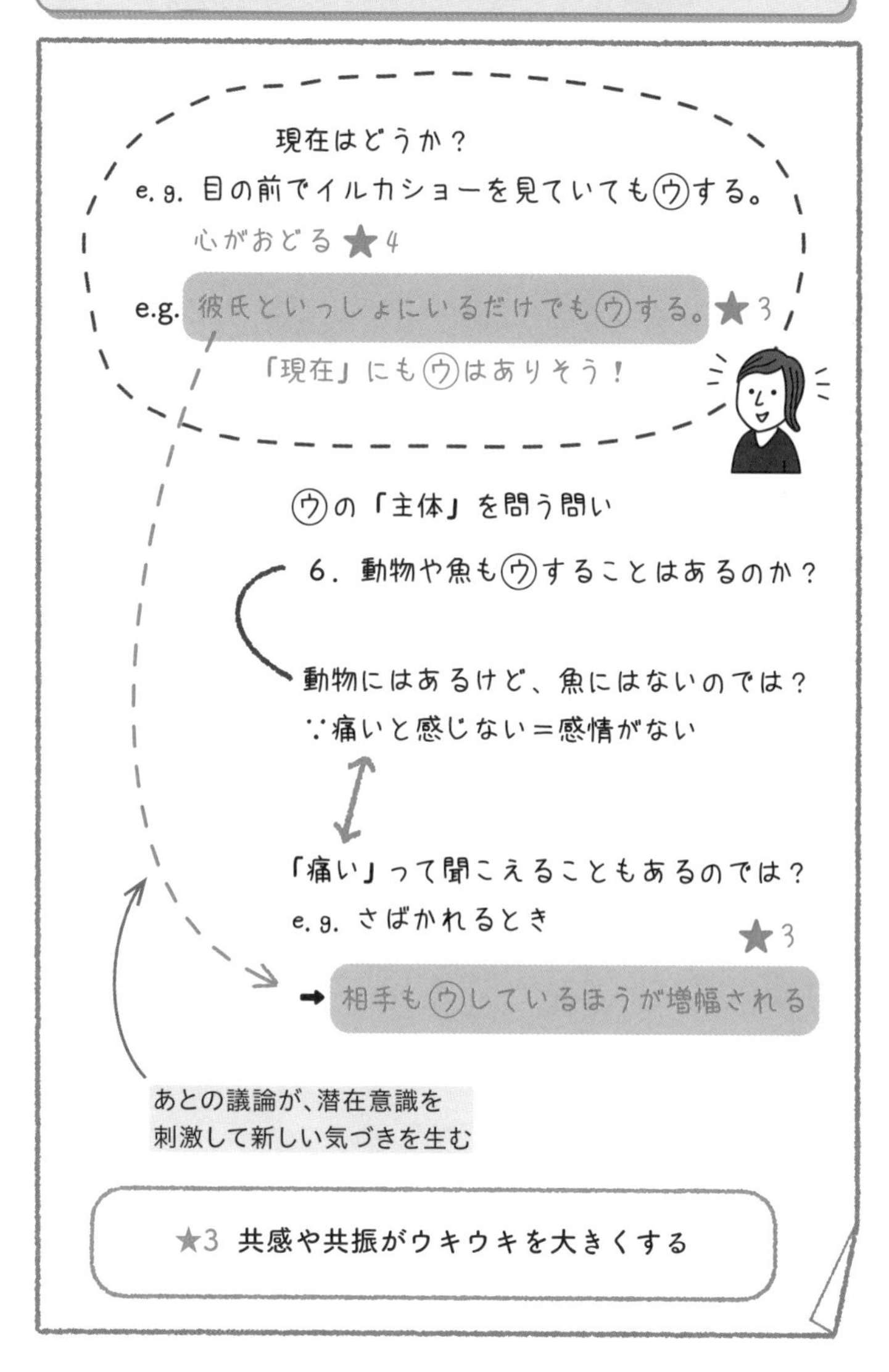
新しい「気づき」が発生！
現在はどうか？
e.g. 目の前でイルカショーを見ていても㋒する。
心がおどる ★4
e.g. 彼氏といっしょにいるだけでも㋒する。★3
「現在」にも㋒はありそう！
㋒の「主体」を問う問い
6. 動物や魚も㋒することはあるのか？
動物にはあるけど、魚にはないのでは？
∵痛いと感じない＝感情がない
「痛い」って聞こえることもあるのでは？
e.g. さばかれるとき
★3
➡ 相手も㋒しているほうが増幅される
あとの議論が、潜在意識を
刺激して新しい気づきを生む
★3 共感や共振がウキウキを大きくする

終了後に、新卒で入社して2年目の女性が話しかけてくれました。

彼女は「みんなは理路整然と話せるのに、わたしはうまくしゃべれないんです。どうしたらいいですか？」と相談してきました。

でも、その日、みなが同じ方向性の発言をするので、いまいち議論に多様性が欠けるな……と感じていたぼくに助け舟を出してくれたのは、その女性の、ちょっとズレている発言だったのです。

ぼくは彼女にそのことを伝え、「そのままでいいんじゃないですか」と背中を押しました。

一般に、合理的な語りが求められる会議では、博識なひとや正論を振りかざすひとが強いものです。

ちょっと変な発言や的を外した発言は、正論のなかで押しつぶされ、なかったものとされます。そのことを指摘されたり叱責されたりしようものなら、そのひとは怖くなって二度と発言しなくなるでしょう。

しかし、**哲学シンキングでは、通常の会議では「弱者」とされるようなひとこそ、主役**です。**彼ら／彼女らの、絶妙にズレた発言が、予想もしていなかった斬新な視点をもたらします**。

Column 04

哲学シンキングは どう活用されているか？

哲学シンキングは、すでにさまざまなビジネスシーンで導入されています。

たとえば「ライオン」ではマーケティングリサーチや世代調査の際に採用され、生活者／消費者の意識・価値観を哲学的に掘り下げました。さらに、専門的な哲学コンサルティングも実施し、新しい仮説形成を行いました。

また、「パルコ」では、キャンペーン広告の制作に、制作メンバーで哲学シンキングを実施。コンセプトメイキング、チームビルディング、キャッチコピーのアイデア出しを行いました。ボトムアップで対話することで、みんなが腑に落ちるかたちでコンセプトが共有され、どんなモデルや衣装がよいかなどの基準も策定されたのです。

こうしたチームビルディングの側面は組織開発・社員研修でも活用できます。哲学することで、「問う力」や「自発的に考える力」、「モヤモヤを言葉にする力」が向上したり、社員同士のコミュニケーションが活発化したりします。「考えるってこういうことだったんですね」と言われることもしばしばです。

「リクルート」や「大正製薬」「パーソルキャリア」「MORITA」（インテリア仏像販売企業）など、さまざまな場所で哲学シンキングを実施してきましたが、共通しているのは、みな、ものごとの本質を追究しているということ。深く考え抜く哲学シンキングを取り入れてくださる企業は、うれしいことにどんどん増えています。

世間的には「変だ、おかしい」と評価されるとしても、**独特な趣味や感性を持つひとの声こそ、常識や社会的通念を疑わせ、革新をもたらすポテンシャルを持ちます**。

「はじめに」で紹介したソクラテスが、面子をつぶされたひとたちから反感を買い、仕組まれて処刑されてしまったように、歴史上の哲学者には世間の「ふつう」から逸脱し、革新をもたらしたひとが多くいます。

哲学シンキングは——イギリス出身の哲学者ホワイトヘッドの言葉を借りるならば——あらゆる「現実的存在（actual entity）」を等根源的に考える「多元論（pluralism）」の哲学思想なのです。

哲学シンキングの普及は、**個を押し殺すことなく、むしろ個を最大限に活かす仕方で、多様性を持った社会を実現する**と考えています。

色の比喩でいえば、論理的には、「青かつオレンジ」は両立不可能ですが、美の世界では、青とオレンジは、コントラストを織りなし、補色（色相環で対極にある色）として彩度を高めあいます。そこに新たな1色が加わる場合、その1色は、単なる足し算以上の働きをします。ほかの色の本質を変え、全体を一変させてしまう——。

煮詰まった議論では……

多数派からズレたひと、言葉数が少ないひとこそ、重要。沈黙する声に耳を傾けよう

哲学シンキングは、もっともとるに足らない一塵（いちじん）のような「1つの問い」をくみとることで、全体のメタモルフォーゼ（変容）を起こす思考術だといえるでしょう。

キラリと光る「発言の原石」

「水族館の新しい展示企画案を考えるのに、ここまで〝ウキウキ〟をテーマに哲学シンキングしてきたけど、どんな新しい気づきや問いが見つかったかな。これから議論を振り返るので、それぞれ、よぉーく考えてみてください。

まず、〝ウキウキ〟に関して6つの問いがあがって、〝ウキウキ〟の**〝時〟〝定義や意味〟〝主体〟〝〇〇（あなたの出した問い）〟**を問う問いに整理しました。

まずは、〝時〟を問う問いを考えたところ、過去視線ではなく、未来視線のものだという意見が出たけど、現在にもウキウキは適用できそうだという話になったね。

ただ、『現在に期待する』とは言わないから、期待はウキウキの必須の本質ではないという議論になった。

次に、〝ウキウキ〟の〝定義や意味〟をめぐる問いに移って、**『そもそも、ウキウキするってどういうことか』『ウキウキとドキドキの違いは何か』**について考えてみました。

そしたら、不安要素があると〝ウキウキ〟しないねという話になって、〝ウキウキ〟は「期待」より「信頼」という概念のほうがふさわしいのではないかという意見も出てきた。

でも、**『心がおどる』**とか**『動的な感じ』**とか、心がうごめく必要はあるかもしれないという話があがりました。

最後に、『動物や魚もウキウキすることはあるのか』について対話したところ、〝ウキウキ〟感は、共感で強まることもあって、実際に魚が〝ウキウキ〟しているかどうかはわからないけど、元気に泳いでいる魚を見たり、いっしょに泳いだりしたほうが〝ウキウキ〟が強まるって意見があったね。

さあ、どうだろう。対話を振り返ってみて、どんな新しい気づきや問いが見つかったかな」

「最後の、小太郎の環境問題についての発言にも関連するけど、海の動物や魚と共感できたら、人間は、もっと自分ごととして環境問題を考えられるようになるんじゃないかな。彼氏とは価

※書ききれない場合は、紙を何枚かに分けてOK！

(ウ)の「定義や意味」を問う問い

1．そもそも、(ウ)するってどういうことか？

4．(ウ)と(ド)の違いは何か？

(ウ)：対象がわかっている

(ド)：対象がはっきりしていない

両方：動的な感じがある

★1

e.g. 不安なとき、(ド)する

★2

(ウ)の条件：不安がないこと ➡「信頼」や「安心」が(ウ)の条件!?

「現在の(ウ)」も「信頼」や「安心」が条件！

「未来への期待」も、「信頼」では？

(ウ)の「主体」を問う問い

6．動物や魚も(ウ)することはあるのか？

動物にはあるけど、魚にはないのでは？

∵痛いと感じない＝感情がない

「痛い」って聞こえることもあるのでは？

e.g. さばかれるとき

相手も(ウ)しているほうが増幅される

議論を振り返ってみよう

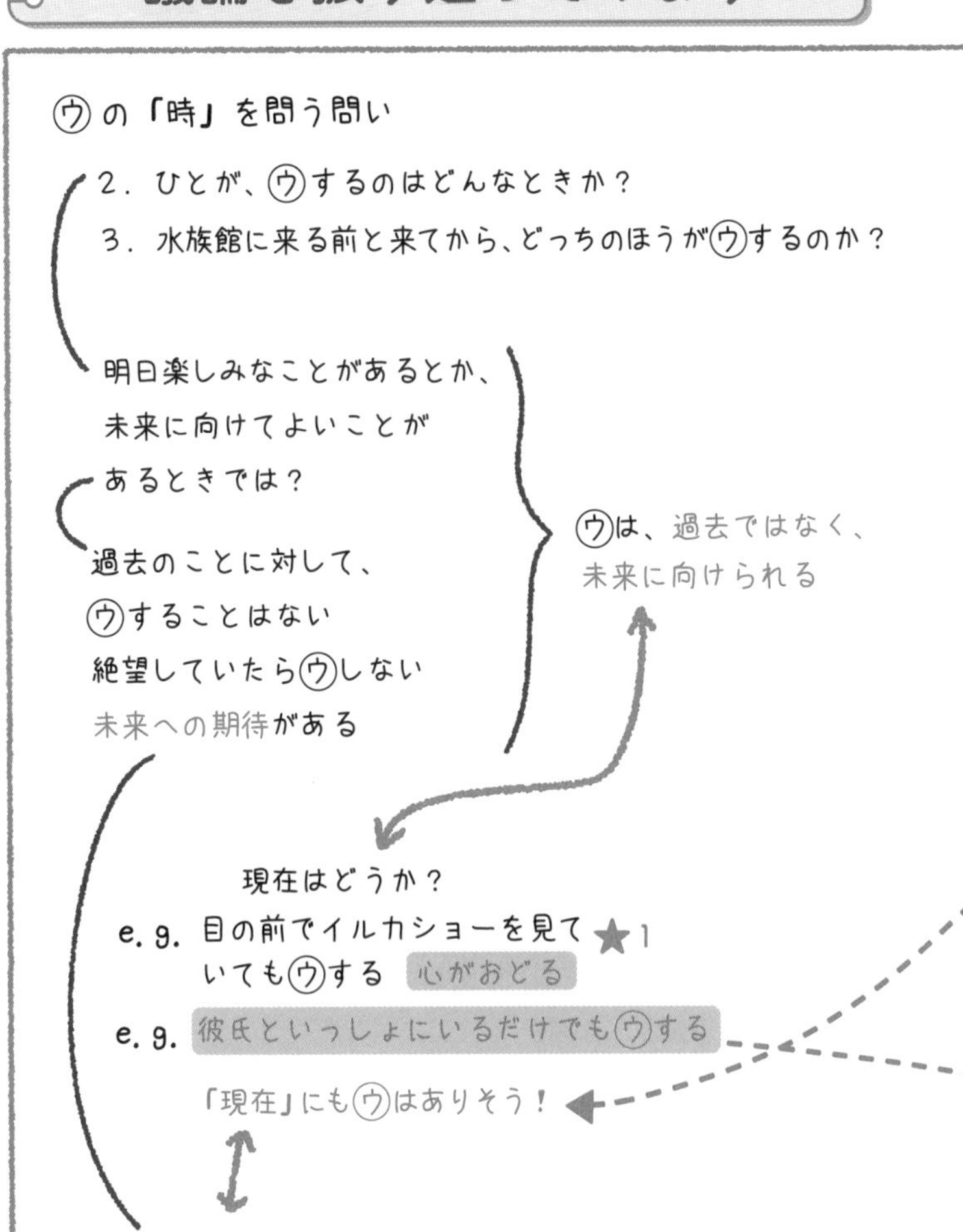

値観を共有できるから、ウキウキしたり心配になったりできるのかなって」

「水族館とか動物園って、たしかに体験型のコーナーもあるけど、観察することが多いと思うんだよね。でも、『ウキウキ』が共感的なものだとしたら、動物や魚と人間とが共感しあえるにはどうすればいいんだろうかという新しい問いが浮かんだよ」

「ぼくはこうやって話してみて、自分は海の環境問題にすごく興味があるんだなって、はじめて気づきました！　子どもたちにも、そういうことを考えてもらうにはどうすればいいんだろう？」

「〇〇さん（あなた）は、みんなの意見を聞いてみて、どうでしたか。新しい気づきでも問いでもかまいませんよ」

「　　　　　　　　　　　　　　　　　　　　　　　　」

短い時間の対話でしたが、いろいろな気づきや問いが生まれたようですね。

いつもどおり、みんなによく考えるようにうながしたあとで振り返りが行われました。対話の過程で出てきた論点や洞察、それから、「心がおどる」とか「動的な感じ」など、複数のテーマにまたがって出てきたキーワードも拾うようにしています。

終盤、議論に変容が起きた場合はとくに、序盤の問いや議論の中身がまったく違った見方で振り返られるようになります。

そういう場合は、場が盛り上がりすぎて、みんななかなか帰ろうとしないので、会場をレンタルした場合などは撤収時間に気をつけましょう。

最後に、真田先輩は読者のあなたにも気づきや問いを問いかけました。

哲学シンキングでは、できるだけすべてのひとに1回は発言してもらいます。

議論のあいだずっと黙っていたひとも、じつはみんなの話をよく聞いていて、独創的な発想を抱いているかもしれないからです。

寡黙（かもく）なひとにこそ、斬新な発想や視点が眠っているかもしれないので、できるだけ耳を傾けましょう。

終了後にアンケートを記入してもらうのもよいでしょう。時間の制約から全員の発言を聞くことができないからです。

仕事のプロジェクトで実施するときは、録音した音声を議事録に起こして、新しいインサイトや視点、論点などを分析してレポートにまとめることをおすすめします。議論の最中には気づかなかった新しい気づきを発見できますよ。

さてさて、水族館のオセアニア区画リニューアル企画展示に向けて、新しい企画案を考えてきたスタッフのみんな。どんなことを考えたのでしょうか。

「ようやく完成したわねー。新しい展示企画。子どもたちもとっても楽しそう！」

「はい、動物や魚の水槽と並列させて、子どもたちが水着に着替えて泳げるプールを併設しました。〝ウキウキ〟というコンセプトでは、不安要素があってはいけないということで、区切りは水槽と同じ強度のアクリルガラスを2重にしてつくりました」

「もちろん、魚やジンベイザメと同じ水槽で泳ぐなんてことはできないけど、これなら、いっしょに海の中で泳いでいる気分を味わえるわね」

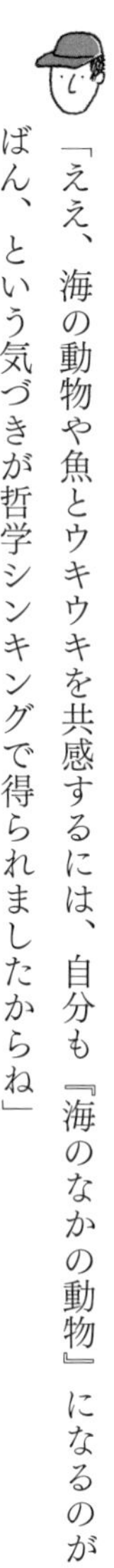

「ええ、海の動物や魚とウキウキを共感するには、自分も『海のなかの動物』になるのがいちばん、という気づきが哲学シンキングで得られましたからね」

「ん？　小太郎くん、動物や魚側の水槽から、アクリルガラスごしに、こっちを見てる。……何してるの？　あれ……」

「あー……、あれは、動物や魚たちの気持ちになって、人間を観察することにしたんだそうです。姿かたちがペンギンに似てるんで、子どもたちから『ペンゲン』と呼ばれて人気みたいですよ」

「はあ……、動物たちから餌づけされるようになったら、『ペンゲン・ショー』でも始めようかしら」

3章のまとめ

・議論にポストイットやホワイトボードは不要
・参加者それぞれのストーリーやその多様性を優先する
・とにかく傾聴！　内省的に深く考えるマインドセットをつくる
・直接的には無用に思えても「自由な思弁」を大切に
・つくってきた議論が壊れるような、偶然的・非合理な要素も受け入れよう
・ちょっとズレた発言や、寡黙なひとの発言も大歓迎
・ワークショップ終了後の、議事録・分析レポートづくりも忘れずに

「最後の大問題」にチャレンジする

思考を深掘りした先の
「新しい世界」

見過ごせない「日々の疑問」

この本では、日々の生活やビジネスの現場で活用することを想定して、哲学シンキングの方法をご紹介してきました。

前章まではビジネスシーンを想定した事例と解説がメインでしたが、もちろん、日常の素朴な悩みや人生の大問題を考えるために使うこともできます。

テーマを設定する。問いを集める。いくつかのグループに問いを整理する。いくつかのグループの問いについて考えやさらなる問いを出し、議論を組み立てる。議論体系を分析して、新しい洞察や視点を発見する——。

この一連のステップを踏むだけで、ビジネスシーンを含め、日々直面するさまざまな問題に対して思考を前進させることができます。

もっとも、ステップを理解するだけでは宝の持ち腐れ。みずからが実践してみることではじめて、哲学シンキングは効果を発揮します。

この本の「終章」は、読者のみなさんにとっての「スタート地点」でもありますから、自分ごとの悩みや課題で試してみましょう。

仕事の課題、人間関係の悩み、恋愛の悩み、家族の悩み、健康の悩み、自分自身の人生に関する悩み、社会や世界に関する疑問……どんな悩みや課題でもいいので、まずは、テーマを設定してみましょう。

「転職」や「友だち」「結婚」など、1語のキーワードでもいいですし、「どうしたらダイエットは成功するのか？」といった素朴な問いのかたちでもかまいません。

ここでは1例として、「はじめに」であげた「人生の意味」をテーマに設定してみますが、みなさんもなにか1つテーマを決め、紙にそれを書いてみてくださいね。

本書を読みはじめたとき、途方に暮れるしかなかった問題に対しても、本書を読んだひとは、いまや「哲学的に深く考える術(すべ)」を身につけているはずです。

まずは思いつくままに、「人生の意味」というテーマにまつわる問いをあげてみるのでしたね。

たとえば、こんな感じ。

1 「わたしは、いったい何のために生きるのか？」
2 「人生の意味は、ひとそれぞれか？　何か客観的な指標があるのか？」
3 「ひとには、こう生きるべきという目的や使命があるのか？」
4 「目的や使命を与える神のような存在は存在するのか？」
5 「いつか死ぬのだとしたら、人生の意味などないのではないか？」

さあ、みなさんも、自分の設定したテーマで、問いを書き出すことができましたか？

はじめてやるときは、なかなか問いが出てこないかもしれませんが、慣れてくると、どんどん問いを出せるようになりますよ。

問いをザクザク整理

次に、問いを整理してみましょう。

1と2と3は、人生の意味が主観的に決まるのか、客観的に決まるのかを問題にしているから、「人生の意味」の「主観性／客観性をめぐる問い」としてグルーピングしてみます。

人生の意味について考えてみる

テーマ 人生の意味

Ⓐ
1. わたしは、いったい何のために生きるのか？
2. 人生の意味は、ひとそれぞれか？　何か客観的な指標があるのか？
3. ひとには、こう生きるべきという目的や使命があるのか？

Ⓑ
4. 目的や使命を与える神のような存在は存在するのか？
5. いつか死ぬのだとしたら、人生の意味などないのではないか？

Ⓐ 人生の意味の
主観性／客観性をめぐる問い

Ⓑ 人生の意味の根拠をめぐる問い

4と5は、「人生の意味」になんらかの根拠があるのか、そもそも存在するのかを問題にしているから、「人生の意味」の「根拠をめぐる問い」としてまとめておきましょう。

1章でも書いたように、グルーピングのやり方は、1通りではありません。みなさん自身の視点で、「これとこれは似ているな」とか「これとこれは、○○をめぐる問いだ」と整理できれば、それでOKです。

このステップには「その問いは何を問題にしているのか」を反省する意味もあります。その問いを抱いたことじたいにあなたにとって重大な意味が隠れているかもしれないのです。

さて、次は、考える順番を決めるのでした。

ここでは、そもそも「人生の意味」があるのかないのかモヤモヤするので、4と5を最初に考えてみることにしましょう。

急がば回れ。答えから遠そうに見えても、モヤモヤ違和感がある問いのグループから、みなさんも考えはじめてみてください。

いよいよここから、自分の考えやさらなる問いを出して、思索を深めていきます。

4「目的や使命を与える神のような存在は存在するのか？」
5「いつか死ぬのだとしたら、人生の意味などないのではないか？」

最初に出した問いについて、まずは、率直な意見や疑問をぶつけましょう。

「自分は、特定の宗教を信仰していないけど、自分を超えた〝なにか〟を感じることはある」
「死ぬってどういう意味なの？　肉体が消滅すれば、記憶もなにもかもなくなるはずだから、なにをやっても、すべてが〝無〟になるっていうこと？」
「でも、いつか死ぬかもしれないからこそ、いま、どうやって生きるかを見つめなおせるのではないかな」
「それに、生きているうちに成しとげたことや、大切なひととの出会いや思い出は、ほんとうに無意味なんだろうか？」

紙にはこんなふうに自分の考えを書き出していって、つながりのあるものを線で結んだり、反対意見を矢印で対立させたり、いくつかの可能性がある場合には、場合分けしてみたりしてみましょう。

続けて、別のグループの問いも考えてみましょう。

1「わたしは、いったい何のために生きるのか？」
2「人生の意味は、ひとそれぞれか？　なにか客観的な指標があるのか？」
3「ひとには、こう生きるべきという目的や使命があるのか？」

先ほどと同じように意見や疑問を書いて、議論体系を組み立てていきます。

「人生の意味は、誰かによって決められるのではなく、自分自身で決めるものだと思う」
「実際、生まれたときには自分が何者か決まっていなくても、生きていくなかで自分を形づくっていくことができるんじゃないかなあ……？」
「だけど、もし自分の人生を自分の好きなようにつくっていけるとしたら、世の中は自己中心的なひとであふれてしまわないだろうか？　たとえば、ヘレン・ケラーのように、社会的に評価されるような客観的な人生の意味というのもあると思う」
「この2つの意見は、ほんとうに対立しているのかな？　自分の成しとげたことが、他人や社会にいい影響を与えることもあるのだから、主観的な人生の意味と客観的な人生の意味は、両立するのではないだろうか」

ポイントは、**なぜそう言えるのか、ほんとうにそう言えるのか、別の視点から考えたらどうなるか、どんな具体例があるかなど、いろいろな角度から自己批判的に考えてみる**ことです。

あたりまえの前提を疑ってみたり、いつもの自分の思考パターンから離れてみたりすることで、いままで気づかなかった洞察や視点が生まれますよ。

フレームを壊し、新たな次元へ

最後に、ここまでの議論を振り返りながら、頻出する考えや論点を分析し、どんな新しい発見や問いがあったか、反省してみます。

たとえば、「成しとげる」という言葉が2度、出てきていますね。

ここから、「生まれたときに自分が何者であるか決まっていなくても、あるいは、いつか死ぬとしても、そのつど、なにごとかを成しとげることに人生の意味を見いだせるのではないか」と考えられるかもしれません。

また、「大切なひととの出会いや思い出」とか、「社会的な評価」、「他人や社会へのよい影響」といった視点も出ています。

こんなふうに、まったく同じ言葉でなくても、意味が似ているポイントに注目してもよいでしょう。

最後には、「主観的な人生の意味と客観的な人生の意味は、両立するのではないか？」という論点も提起されました。「答え」ではなく「問い」のかたちも、新しい気づきの1つです。

これらのことから、「自分の決断や行動は、他者や社会に影響を与えると同時に、他者や社会のほうからも影響を受けているとしたら、人生の意味は、自分自身の決断や行動と、他者、社会との相互限定のなかで育まれるのではないか」と考えられるかもしれません。

もちろん、これらの洞察とは違うやり方で考えることもできるでしょう。

でも、いずれにせよ「人生の意味」という難題に対して、最初より思考を深め、前進させることができています。

さらなる意見や問いを出したり、議論をより細かく反省したりすれば、もっと思索を深めることができます。

たとえば、

「自分と他者、社会との相互限定を突きつめると、無我夢中でなにかに取りくんでいるときのように、主観と客観を超えた経験もあるのではないか」
「主客が分かれていないのだとしたら、自分の生とか、自分の死という区別にとらわれる必要もないのではないか」
「人生の意味の〝ある／なし〟を超えた〝このまま〟という境地もあるのではないか。たとえば、100歳を超えたおばあさんが、いつもおだやかに日々を暮らしているように」

あくまでこれは1例ですが、ここまで思索を深めれば、最初の「人生の意味」というテーマを超越した、新しい視点に身を置くことができているでしょう。

それで大成功です。

最初に設定したテーマ＝フレームを破壊し、新しい視点に到達できたということは、創造的な思考ができた証し（あか）です。

その思考は、ほかならぬ「哲学思考」だといってよいでしょう。

哲学は、問題解決の思考だというゆえんもここにあります。

より深い思考に到達できたとき、以前の問題が解決されたり、より広い視野における小さな特殊問題として位置づけられて安心にいたったりすることがあるのです。

結局、「哲学する」とは何なのか?

「哲学史」とは、こういった創造的な思考を、2500年以上積み重ねてきた軌跡です。哲学史を学ぶことは、その軌跡をたどることでもありますが、その根底には、「なぜそうなのか?」「別の視点から考えたらどうなるか?」「議論に穴はないか?」といった思考法が脈打っています。

この章で見てきた「人生の意味」のような問題だって、多くの哲学者が問うてきました。

たとえば、わたしが〝いまここに現存する〟ということに重きをおく哲学思想である「実存主義」の先駆者・キルケゴールは、壮大な哲学体系のもとで真理を探究するよりも、「わたしは、いったい何のために生きるのか?」を問い、「わたしがそれのために生き、それのために死にたいと思うような理念を発見することが重要なのだ」と考えました。

キリスト教徒であった彼は、享楽におぼれるよりも、倫理的によく生きようとするよりも、

「神の前の単独者」として信仰に生きることに、究極的な人生の意味を見いだしました。

一方、「神は死んだ」という言葉で有名なニーチェは、ひとびとの頽廃（たいはい）を招くものとしてキリスト教の神を否定します。むしろ、普遍的な意味や価値が存在しないことを引き受けて、たえず自己超越して価値を創造していく「積極的ニヒリズム」を説きました。

また、「実存は本質に先立つ」という言葉で有名なサルトルは、机や椅子といったモノは、あらかじめ、それが何のために使われるか決められているのに対して、「ひとは生まれたときにどんな人間であるか、何のために生きるか決まっているわけではない」と考えました。「いまここにある」ということのほうが、そのひとの本質に先立っており、むしろ、そのつどの自由な決断を通じてみずからをかたちづくっていくなかで、そのひとが「何であるか」がつくられていくと考えました。

さて、これらの実存主義思想は、人生の意味に悩むひとたちにとても人気があります。「わたしは何のために生きるのだろうか？」と考えるひとにとっては、「救いの言葉」のようにさえ感じられるかもしれません。

しかし、「ニーチェが、○○と言っている」とか、「サルトルによれば、○○である」と無批判に受け入れて学ぶことは、哲学ではありません。

むしろ、「ニーチェは、○○と言っている。だけど、ほんとうにそうなのだろうか？ △△とも考えられないだろうか？」と、**批判的かつ創造的に思考することのほうが、哲学的な思考**です。

「わたしは、○○だと思う！」「人生の意味は、○○であるべきだ！」ととなえることは、思想や主義であっても、哲学であるとはかぎりません。

たとえば、20世紀ドイツの哲学者ハイデガーは、よく実存主義の系譜に連ねられますが、人生の意味を説くような自己啓発的な実存「主義」を展開したかったわけではありませんでした。

いつ訪れるかわからない自分の死を先駆的に覚悟することで、本来の自己を生きるように内なる声に呼びかけられるという考えが、彼の哲学にはあります。

ですが、彼自身は人生の意味を説教したかったわけではなく、哲学的な思索を通じて「存在そのもの」への問いを明らかにしたかったのです。

もちろん、これまでの哲学者の考え方や学説を学ぶことは、「なるほど！ そういう考え方もあったのか！」という気づきをもたらしてくれます。

たとえば、「キルケゴールは、神の前の単独者を説き、ニーチェは、神を否定した。でも、わたしは特定の宗教の信仰を持っていないとはいえ、自分を超えたなにかを感じている」というひとがいるかもしれません。

そんなときは「より大なるもの」を説いたアメリカの哲学者、ウィリアム・ジェイムズの考え方や、宗教の世俗化を指摘する現代スピリチュアリティ思想を参照すれば、考えを広げるためのヒントになるかもしれません。

あるいは、『何のために』という目的や、自分の生とか自分の死という区別にとらわれる必要はないのではないか」と考えるひとにとっては、日本の哲学者、西田幾多郎や鈴木大拙の哲学思想が参考になるかもしれません。

むしろ、彼らは、生と死、主と客の対立を超えて、「いまここ」の経験にこそ充溢があると考えます。

ただし、先にも述べたように、これら**過去の哲学者の考え方や学説を学び、いずれかの思想に安住することが哲学なのではありません。**

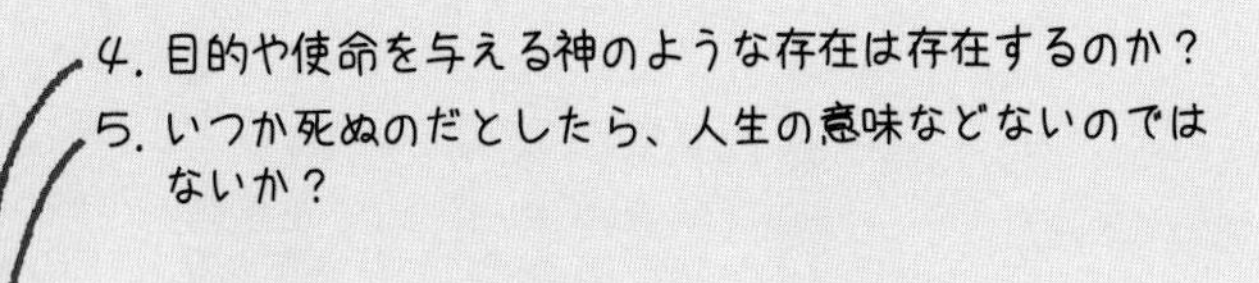

4. 目的や使命を与える神のような存在は存在するのか？
5. いつか死ぬのだとしたら、人生の意味などないのではないか？

ニーチェ（1844 - 1900）

キリスト教の神は頽廃を招く。普遍的な意味や価値が存在しないことを引き受けて自己超越しないといけない

ハイデガー（1889 - 1976）

みずからの死を覚悟することで、本来の自己を生きるように呼びかけられる。でも、「存在そのもの」への問いこそが根本問題

ジェイムズ（1842 - 1910）

特定の宗教への信仰を持っていないひとでも、自分を超えた「より大なるもの」を感じることもあるのではないか

なぜ、そう考えるのか？

過去の哲学者たちを超えて

テーマ 「人生の意味」

1. わたしは、いったい何のために生きるのか？
2. 人生の意味は、ひとそれぞれか？
   なにか客観的な指標があるのか？
3. ひとには、こう生きるべきという目的や使命があるのか？

キルケゴール(1813 - 1855)

わたしが何のために生きるかこそが問題。
神への信仰のもとに生きることが人生の意味

サルトル(1905 - 1980)

机や椅子といったモノは目的が決まっているけど、
ひとは実存が本質に先立ち、自由な決断ができる

西田幾多郎(1870 - 1945) や
鈴木大拙(1870 - 1966)

利己的な目的や、生死という区別、相対的自由にとらわれてはいけない。いまここの純粋経験こそ真の実在ではないか

あなたは、どう考えるか？

それらを批判的に考えたり比較したりすることで思考を深め、できれば、いままで誰も指摘してこなかった新しい問いを提起し、あなたが持つ固有の考えを展開しはじめたときにはじめて、あなた自身の哲学が始まります。

「哲学する」ことなしに哲学はありえません。

つまり、**哲学は「反自己啓発」を通じた自己啓発**ともいえるでしょう。

未来へ向けた「思考のアクセル」

この本は、「哲学入門」のための入門書でもあります。

もともと、こういった哲学的な大問題を考えるためにぼく自身が実践していた手法を、シンプルなかたちにしたのが「哲学シンキング」です。

哲学の論文を書くときや、哲学のゼミで議論するとき、自分の進路に迷ったときなども、およそ本書で紹介したステップを踏んでいます。

いまでは、大学の研究者同士で議論するだけではなく、ビジネスパーソンとも哲学しています。

いや、むしろ、**どこで哲学するのがいいかなんて、どうでもいい**のです。

「哲学すること」は、大学にいる研究者だけの専売特許ではありません。ビジネスパーソンだって、「よい商品・サービスって何だろう?」「同じ職場で働く人や、お客さんの幸せって何だろう?」といった問いを追究するとき、すでに哲学の門をくぐっています。

実際、ぼくの会社に依頼してくださる企業のひとたちは、本気でこういった問題を考えています。

ワークショップのテーマも、「価値」「人間の本性」「研究開発の使命」「意思決定」といった、哲学の大問題をあつかっています。

「哲学はビジネスと無縁だ」とか「ビジネスパーソンとは、カネ・カネ・カネ……儲けの最大化のことばかり考えているひとたちだ」と思っている哲学者がいたとしたら、それこそ、「象牙の塔」にこもり、実社会のことを知らない、浮世離れしたひとたちでしょう。

目先の利益よりも意味や価値を追究し、自由な思弁で思索しているビジネスパーソンを、ぼくはたくさん知っています。

「よさ」の追究なしに、プロジェクトの成功はありえないと知っているからです。オルタナティブ（別の可能性）を考えられる思考と広い教養が、イノベーティブな発想の源泉だと気づいているからです。

哲学の歴史を振り返ってみても、哲学は、科学や芸術、政治、経済など、ほかのあらゆる分野と結びついてきました。

科学者でもあったり政治家でもあったりした哲学者は数しれません。

哲学はあらためて、ほかの分野のひとたちと、いかにして実践において協働していくか、という問いを突きつけられているのではないでしょうか。

そして、企業もそこで働くひとたちも、5年後、10年後さえ見通せない時代だからこそ、**企業の存在意義、自身の生きる指針を「哲学する」**ことが求められているのかもしれません。

あとがき

哲学は世界を救うのか

いま、ビジネスへの「哲学コンサルティング」導入が、世界で急速に広がっています。

米「グーグル」や米「アップル」では、インハウス・フィロソファー（In-House Philosopher＝企業内哲学者）が雇用され、欧州でも、哲学の専門知と方法論を使ってコンサルティングする企業や団体が、次々と設立されているのです。

「哲学コンサルタント」は、企業のビジョン構築、倫理規定から、組織内の軋轢（あつれき）の解消、個々のプロジェクトの課題解決にいたるまで、さまざまな業務を行いますが、あらかじめ「答え」を知っているわけではありません。ましてや「自己啓発書」のように、過去の哲学者の格言を授けてくれるのでもありません。

むしろ、**クライアントに「問い」を投げかけ、哲学の専門知をバックグラウンドに、いっしょに議論を深めることで課題解決を図ります。**

しかも、この課題解決。単に、売り上げアップのためだけではありません。自分たちの事業が、世界を悪い方向に導かないかをチェックする機能も果たしています。もしみんなが「○○は素晴らしい！　ぜひやろう！」と言っても、「もしそれを実行したら、こんな重大な問題が起きるのでは？」と指摘するのも、哲学の大事な役目です。

裏を返せば哲学は、より望ましい世界の実現に寄与しうるのです。

リベラルアーツの精神や、自由で思弁的な哲学的思考が重要なのは、この点においてでしょう。

1つの視点しか持っていないことは、個人にとっても、企業にとっても、さらには人類にとっても、たいへんなリスクです。ものごとを多角的に見ることで、悲劇を未然に防ぎ、よりよい道を探れる可能性が高まります。

この意味で、「哲学は世界を救う」とぼくは考えていますし、**「哲学シンキング」は、より実**

効性のあるかたちで、哲学を社会実装していくための方法です。

この本で伝えようとしてきたことも、そもそもの前提を疑ってみたり、別の視点から考えてみたりすることで、よりよい意味や価値を創造できるということでした。

自分以外のすべてのひとが、○○だと言っていたとしても、「ちょっと待てよ。それって、ほんとうに正しいのか？　逆の視点から考えたらどうなるんだろう？」と考えてみることで、いままで気づかなかった真の課題や、もっとよい洞察・視点が得られるかもしれません。

日々の悩みも同様です。悩んでいることがらの前提を疑ってみたり、いつもとは違う思考パターンで考えてみたりすることで、あっさり問題が解決されたり、より前向きに人生を歩んでいけたりするでしょう。

多少の自負も込めていえば、この本で紹介した「哲学シンキング」は、現に結果を出している思考術です。しかも、練習をすれば誰でもそれは可能です。

「哲学シンカー®養成・認定講座」の修了生は、哲学の専門家ではなくとも、「哲学シンキング」

のメソッドをみごとに習得し、実際のプロジェクトで成果を出しているひともいます。

ただし、ここでの「成果」も、「よい」という価値抜きには、むなしさが残るだけでしょう。

いま、ビジネスパーソンは**「意味や本質をつかむこと」**に飢えています。

「世の中がほんとうに求めている『よい商品・よいサービス』を提供したい！」

「後輩たちが『もっと自由に働ける職場』にしていきたい！」

「女性や、いままで発言権を十分に持たなかったひとたちも、もっと活躍できる会社に変えていきたい！」


これらは、ぼくが仕事でおつき合いのあるひとたちから、実際に聞いた言葉です。

「哲学シンキング」は、そうした思いをくみとり、ボトムアップで育てカタチにする加速装置にすぎません。この装置を動かすのは、ひとびとの「知恵（sophia）」を「愛し求める（philein）」思い＝philosophia（哲学）なのです。


いま、世界は「答えが見えない問い」であふれています。

人工知能やバイオテクノロジーといった最先端テクノロジーを、どのように使っていくべきなのか？

次世代のひとたちや、人間以外の動植物にも影響をおよぼす環境問題とどうやって向き合っていくのがよいのか？

医療・介護の身近な問題から、宇宙開発にまつわる壮大な問題まで、「何が問題の本質なのか、どこから手をつければいいかわからない問題」は増えるばかりです。

わたしたちに求められているのは、**誰も気づいていない「創造的な問い」をいち早く発見し、適切な課題設定のもと、議論して解決していく力**でしょう。

本質を見誤った課題を設定すれば、まったく望んでいない答えが与えられてしまいます。

「そんなややこしい問題、専門家の先生たちに任せておけばいいんじゃないの？」

残念ながら、いま、わたしたちが直面している問題の多くは、専門家すら真相がわかっていない問題ばかりです。

では、どうしたらいいのか？

市民・専門家・企業が協働して、より望ましい世界のグランドデザインを構築していく必要がある――これが、「哲学シンキングの哲学」です。

3章でも書いたように、**たった1人のなにげない「1つの問い」にも、全体を一変させるかもしれない潜在的な力があります**。

おのおのが、自分はどんな人生や世界を望んでいるのかを深掘りするとともに、ほかのひとたちがどのように考えているのかの本音を聞きとり、ボトムアップでビジョン構築して現実化する――。

本書を、苦境に立たされて手に取った方もいれば、なにげなく手に取った方もいるかもしれませんが、「哲学シンキング」は、そのソリューションを提供するメソッドであると同時に、まさに**今日からみなさんが実行していくためのプロジェクト**でもあります。

ビジネスの現場や日常の場面で哲学シンキングが実践され、世界と読者のみなさんの未来が、よりよいものとなることを心から願っています。

吉田幸司

謝辞

本書は、多くの方々との出会いと助けによって出版にいたりました。お世話になったすべてのみなさまに、この場を借りて感謝申しあげます。

とくに、伊原木正裕さん、平塚博章さん、三上龍之さんには、哲学シンキングのメソッドの開発・改良から、本書執筆のアドバイスまで、全面的にお世話になりました。ここまでビジネスツールとして洗練させることができたのは、この3名のおかげです。

前代未聞の「哲学の会社」は、吉辰桜男さん、堀越耀介さん、間宮真介さんと苦難をともにしてつくってきました。会社が成長できたのは、彼らの力添えがあってのことです。

マガジンハウスの能井聡子さんには本書執筆にあたり、たくさんの「妙案」を授けていただきました。哲学の「思考法」を書籍にするという難題をクリアできたのは、能井さんのおかげです。

そして、妻の存在は「なぜ、生きるのか?」を問い続けてきたぼくの人生に、これ以上ない幸せと、生きるに値する意味を与えてくれました。著者はじめての単著である本書は、妻に捧げたいと思います。

イラストレーション　木下綾乃
本文・図版デザイン　石垣由梨(Isshiki)

「課題発見」の究極ツール
哲学シンキング
「1つの問い」が「100の成果」に直結する

2020年2月13日　第1刷発行

著　者　吉田幸司
発行者　鉄尾周一

発行所　株式会社マガジンハウス
〒104-8003　東京都中央区銀座3-13-10
書籍編集部　☎03-3545-7030
受注センター　☎049-275-1811
印刷・製本所　三松堂株式会社
ブックデザイン　井上新八

ISBN978-4-8387-3081-0 C0030